二千年の錯覚

日本人の精神解放のために

大庭嘉門
Obba Kamon

文芸社

まえがき

私たちは中学生のころ、錯覚や擬態《ぎたい》について学ぶ。その理屈を正しく理解しなければ、中学生は試験で落第点を取り、運が悪ければ、親からお目玉をくらう。

中学生の場合は、運が悪くても親からお目玉をくらうだけですむ。しかし一つの民族全体が、認識上のちょっとした錯覚によって、重大な欠陥を内蔵し、その欠陥が民族の運命、数百万、数千万の人間の生死にまで影響を及ぼしている、と言われたら、人々は何と答えるだろうか?

そんなことは現実にはありえない。そんなことはSFの物語でしかありえない、と答えるかもしれない。しかしこれはSFの物語ではない。現実だ。今起きている現実だ。しかも近代教育を受け、近代工業をもった一億人をこす大民族で、今起きている現実だ。

この奇怪な現実の解明が本書の目指すところである。この解明は、同時に、その民族の持つ全体主義指向の解明と克服、さらにその民族に属する一人ひとりの解放、つまり人間解放をもたらすものとなろう。

天皇は、日本国始まって以来、ずっと日本国の首長であり、その家系は絶えることなく続いてきた、と言われている。

しかし歴史が示す通り、古代国家創設のごく初期を除き、政治的な実権を振るったことはなかった。それは常に精神的な崇拝の対象であった。

昭和天皇も内閣の助言と承認（憲法第三条）のもとに、国事行為に精励しながら、一流の海洋生物学者として研究にいそしまれ、四冊の専門著作がある。他人を攻撃したり、陥れたりすることなど全く考えられない高い人間性をもち、平和主義者として近代日本の最も困難な時代、戦争と敗戦と、それに続く外国軍隊による占領の時代を生き抜いてこられた。

このような天皇陛下が行幸《ぎょうこう》などで近くにいらっしゃった時は、素直な気持ちで敬い、歓迎すべきだ。戦争責任や差別の問題にからめて、天皇を批判する人もいるが、それは天皇個人の問題ではなく、政治を実際におこなった軍部や政府の問題だ。

以上が日本人の大半の心情であろう。この心情は私にも理解できなくはない。と同時に、私は同じ一個の人間を特別に崇拝することに、何か割り切れないものを、持ちつづけていたのである。万人は平等ではないのか？　と。

一〇代の中頃、私は学校の教科書の勉強は少しもしなかったけれど、歴史書を好んで読んだ。特に戦国時代や明治維新の英雄物語に夢中になった。吉田松陰の世俗的打算のない精神の清冽さには、読むたびに感動を覚えた。一〇代後半から二〇代初めにかけては、マルクス、レーニン、毛沢東などの著作を読み、その他、現代世界における各地の民族解放の運動家や、建国の父の自伝などを読んだ。ヒットラーの『わが闘争』も、当時熟読した本の一つである。

日曜日ごとに教会に通いながら、西洋の宗教や哲学の勉強も続けてきた。そしてカントの哲学書を読んでいた時、突然ショックに似た驚愕とともに、一つの真理に気づいたのである。長い間、私を苦しめてきた天皇崇拝をめぐる割り切れなさの原因を見出したのだ。二四歳の時だった。

本書の第一章は二四歳の時に書いた論文の一部を抜粋し、加筆、修正したものである。基本的発想は全く変わっていない。平易に書くように努めたが、若干難解なところがあるかもしれない。どうしても読みにくい時は、第二章から読み始め、最後に第一章にもどっても、便法《べんぽう》としてはかまわない。

ただ、どういう形にせよ、第一章はぜひ読み切って欲しい。何故なら第一章は、人間の認識能力に対する哲学的考察であり、錯覚の解明の核心をなす部分だからである。第二章以下は、錯覚の上で動いている日本の近・現代史と、錯覚から覚めた後の個人と日本の姿について、私見を述べたものである。

目次

第一章　錯覚の根源

一　科学の世界と宗教の世界

私たちは様々な自然現象の全てを科学的に説明しうる可能性を持つ。それどころか、人間の手や足を動かす肉体活動はもちろんのこと、神の理想を考えたりする人間の精神活動を含めて、人間の全ての活動を脳細胞の活動として説明できるか、あるいは今はできなくても、将来は科学の発達によって説明できるようになる可能性がある。

つまり私たちは、自分の肉体を含めて目に見えるもの全てを、科学的に説明できる可能性を持つ。このことは誰も否定しないであろう。

しかしこの科学による説明は、原因↓結果の機械的な説明だけであり、そこでは、目に見えるものにどのような価値があるかのような判断はでてこない。

科学が未知の世界を新たに解明すると、その先にはさらに未知の世界が開かれてくる。科学は無限に発達する。これは外界を見ている私たち自身に、外界の物が不完全であることを知ることのできる尺度が備わっているからに外《ほか》ならない。その尺度とは私たちが無数の経験を通して抽象化した完全さの観念である。それは、外界の物の世界にはなく、観念として私たち自身の内にあるものである。

永遠、全体、神、善悪、美、道徳、愛などの価値観念は、全て姿がなく、抽象化された価値観念として、私たちの内に、各人各様の様態で持つものである。これらの価値観念の世界を形而上の世界という。

一方、目に見えるもの、姿のあるものは全て外界の〈物〉であり、物質として科学の対象になる。これを形而下の世界という。

形而上の世界と形而下の世界を対比した時、一つの関係に気づく。形而下の世界の物は、形而上の世界の判断があって初めて、価値が生じるという関係である。つまり形而下の世界に存在する物は、先天的に価値をもっているのではない。

しかし私たちは実際の日常生活において、様々な物に価値があるかのように思う。そう思うのは、その物に自分自身で価値を与えた結果に他ならない。

本来価値のない物に価値を与えるとは、その物に特別の関心を持って、周囲の他の物の中から、それを選択する意識・無意識活動と見ることができる。例えば手元にある二〇〇〇円で本を買うか、映画を見ようか迷った時、本を買うことを選択したら、本に映画より大きな価値を与えたことであり、映画を見ることを選択すれば、映画に本より大きな価値を与えることである。

この例は意識した選択である。しかし私たちは一々意識して選択することは少なく、生きている瞬間瞬間に一瞬の休みもなく選択して、自らの態度を決めていく。即ち私たちの生きていくことそのものが、どのような選択をし、何にどのような価値を与えたかの表明、行動だといってよい。

その際、どのように生きていくか、何に価値を与えるかは、大半は親や環境から無意識に受け継いだものであるが、原理上は全て各人の自由だ。

言い換えると、私たちが現実に生きている世俗の世界、物からなる形而下の世界は、私たちが「主人」として取捨選択によって、価値を与える対象物であり、そこには、私たちが「従者」として従わねばならないような先天的に価値のある物は、何一つないのである。

例えば多くの人々が、完全無欠な絶対者「神」を、観念として自らの内に持つ。しかし、外界の物の世界に「神」はいない。どれだけ人格高潔な人間であっても、どれほど神々《こうごう》しく飾られた神殿であっても、単なる有機物のヒトであったり、無機物の物質である限り、観念的（形而上的）存在である「神」にはなれない。

ところがこのありえない話が、歴史上、時に起こってしまうことがある。最も顕著なケースが、宗教世界における偶像崇拝であり、様々な物の信仰であり、カリスマ性をもつ教祖への傾倒である。それは全て錯覚の問題だ。

先に述べたように、私たちは日常生活の様々な局面において、本来無価値な「形而下の物」を、あたかも「先天的に価値がある物」のごとく即断しがちである。それが錯覚である。その錯覚がひときわ鮮明な形であらわれてくるのが、「神」についてのケースであり、宗教をめぐる様々なケースである。

例えば未開な宗教にあっては、呪物《じゅぶつ》や巫女《みこ》やその他の物に神聖や絶対性を与えて崇拝した。

さすがに世界宗教にまで成熟した高度の宗教では、科学の対象にすぎない不完全な外界の物を、信仰の対象にはしない。信仰は個人の内面の問題だから。キリスト教、イスラム教、仏教など全て然《しか》りである。仏教の慈悲や涅槃《ねはん》や悟りの教えは、石や木でできた仏像の内にあるのではなく、私たちの内にある。イスラム教においては、偶像崇拝を最大の堕落として、激しく否定している。

しかしそうした高水準の宗教でも、本来は外界の物を崇拝の対象にしないはずなのに、現実には類似のケースを生ぜしめることがある。その原因は、例えば私たちがキリスト教を信じた時、神の声が頭上から、自分の外から聞こえてくるように感じる。このように感じるのは、このような神の声が、私たちの内に発しながら、絶対客観化できない認識主体、根源的自我との対置において、神の声を認識せざるをえないからだ。

こうして神の声が自分の頭上、外にあるかのように感じるため、これらの観念（神の声）が、ともすれば外界の具体的物、呪物や巫女、あるいはキリスト教の十字架と重ねあわされて、それらの物が先天的に神性や絶対性などの宗教的価値を持っているかのごとく、錯覚してしまう。全ては人間の認識能力が未熟なためである。現実の

〈物〉の世界（形而下）に対する洞察力が欠けているからである。

そのため世界宗教においても、堕落した局面では物を崇拝する時代があった。中世ヨーロッパにおいて、堕落した教会は免罪符《めんざいふ》を買わせることによって、信仰の証《あかし》にさせようとした。

ルターたちは信仰は完全に個人の内面の問題であり、免罪符を買ったり、お供物《くもつ》をそなえることではない、と主張した。そんなことを聖書は教えていない、と説いた。宗教改革の始まりである。プロテスタントの教会には、カソリックの教会に見られるようなキリストの磔像《たくぞう》はない。信仰を象徴する十字架があるのみである。

付記すると、宗教対立が過激な形を取りやすいのは、宗教が人間の行動の指針にかかわる価値観を生み出すものであり、その正しさは、ただ信じる以外に説明の方法がないからだ。信じれば全てを得られ、否定されれば全てを失う。その結果、信じる者と信じない者との間に妥協のない対立が生じる。

宗教改革の嵐が、全ヨーロッパに吹き荒れ、そのるつぼから生み出されたプロテスタントたちは、人類史上初めて、人種や宗教を超えた普遍的理念、つまり自由、平等、民主主義の普遍的理念に基づくアメリカ合衆国を建国した。

宗教紛争の中、自我の発見と自由の自覚は、より確実な根拠の上に行動しようとする衝動を生み出す。この衝動が、合理主義を生み出す。つまり西欧近代の合理主義は、自我の発見とそれに伴う自由の自覚と不可分の関係にある。

日本において合理主義が根付かないのは、自分自身を唯一無二の存在として自覚する強烈な自我と、それに伴う自由の自覚がないからだ。

この合理主義に基づいて、ルソーは社会のあるべき理想の姿を考え、一七六二年『社会契約論』を発表した。この一冊の本が、一七八九年のフランス革命の導火線になったことは、周知の事実である。

二　錯覚の体制

現代の日本における天皇は、前記のような「宗教における神や偶像」の問題と同じ問題を持っているだけでなく、もう少し複雑であり、したがって厄介《やっかい》である。

日本民族一人ひとりに根を張っている天皇崇拝は、千数百年以上の昔、古代国家成立と同時に発生したと推測される。原始的な古代国家においては、政治的実権者は常に宗教的権威者でもあった。日本の天皇も政治的実権者であっただけではなく、祖霊と自然を崇拝する神道の祭祀者でもあった。その後政治的実権を失ったあとも、宗教的権威者としての家系は絶えることなく続いた、と言われている。

明治の国家建設者たちは、民族の遺産としてうけつがれてきたこの天皇を、新しい民族国家の要《かなめ》にしようとした。さらにこの要を、より強固にするために、天皇崇拝を意図的に変質、強化し、西洋の神に対応するものにしようとした。その結果、天皇は「現人神《あらひとがみ》」になった。形而下の生身《なまみ》の天皇から全く乖離《かいり》した形而上の天皇観念の創作だった。

天皇の観念は、神道の禊《みそぎ》や清浄の感性、仏教の慈悲や悟りの感性、それに儒教の忠孝の教えなどの上に、西洋の絶対主義の感性を加味し、ミックスしたものである。

どの感性がどのくらいの割合を持っているかは、個人によって少しずつ違うようだが、いずれにしても他に類のない、独特の宗教性を持った天皇の観念なのである。

天皇批判が天皇崇拝者からヒステリックな反応を引きだしやすいのは、それが信じれば全てを得られ、否定されれば全てを失う、個人の内に生じる宗教的観念であるからに外ならない。

多くの宗教的観念がそうであるように、天皇の観念も時代の変化に合わせて変化しながら、一人ひとりの頭の中で再生され続けられている。敗戦後の天皇は宗教世界の神のごとき崇拝の対象物としての比重は薄れた代わりに、伝統的文化や日本人としての道徳の体現者にまつりあげられている。

日本人は、自分の内に生じる価値を伴う天皇の観念（形而上）と、自分の外の価値を伴わない生身の天皇（形而下）が同じ「天皇」の一言で表現されるために、同じものであるかのような錯覚に陥っている。民族全体が集団催眠に陥るように、集団錯覚に陥っている。「現人神」説は錯覚の端的な表現である。

人間の認識能力が未熟で、神権（形而上）と俗権（形而下）の未分化な天皇を頂点にした社会秩序に、先祖代々組み込まれることによって、日本の風俗、習慣、言語、日常の人間関係の在り方を含む日本の一切が、有形無形に天皇と結びつく形で、形成

されていった。主観的には天皇崇拝を持たない日本人もこの社会秩序に取り込まれ、その埒外《らちがい》ではない。

自分で価値を与えたものであるにもかかわらず、生身の天皇に先天的な価値を見る錯覚に陥った人々は、自らの主体性を失って、自分が価値を与えたものに従属してしまった。自分の生きるための規範が自分の内にはなく、自分の外部に存在することになる。これは重大な誤りだ。生活の原理が一八〇度、倒錯していると言えよう。

私たちは二〇〇〇年近い錯覚から覚醒《かくせい》し、生活の原理が倒錯した民族の精神構造に、コペルニクス的転回を図らなければならない。そして錯覚ではなく、真理に立たなければならない。真理とは、私たちが取捨選択によって、一切に価値を与える主体者であることだ。

それは、世俗（形而下）の世界では、頭上に従うべき権威を何も持たない、自立した自由な主体者であることの覚醒だ。それは集団催眠のような錯覚によって、二〇〇〇年近く閉じ込められていた一人ひとりの個人の解放、つまり人間解放をもたらすものである。その結果、解放され、自由になった個人が平等な立場で運営する、近代的

な民主主義社会が実現できるようになるのだ。

ここに今の日本人の持つ全体主義指向は克服される。

第二章　日本的ナショナリズム

一　天皇崇拝の発生

天皇は各地の土豪を征服して日本列島を統一した古代国家の首長の子孫であるといわれている。全ての古代国家の首長がそうであるように、日本の古代国家の首長も、俗権と神権を兼ね備えていた。日本の天皇は原始宗教で、祖霊と自然を崇拝する神道の祭祀者であった。

七世紀、天皇の側近であった聖徳太子は中国にならって、古代国家の体制を整えた。その時、日本の全ての土地と人民は天皇の所有物と決められた。

その後、まず天皇周辺の貴族が、くだっては武士が政治の実権を振るった。天皇の家系は宗教的権威としてのみ存続した。

何故天皇家が政治の実権から離れたのか？

歴史的大事件をきっかけに突然、権力から離れたのではない。それは二〇〇年、三〇〇年あるいはそれ以上かけて徐々に行われた。初めは、天皇側近が天皇の名前で政治を行っていたが、側近同士、つまり貴族同士が激しい権力闘争を繰り返しているうちに、天皇直系の人々は、権力闘争の埒外にはじき飛ばされたのであろう。

当事者として強固な意志と能力を持った人間が、何代にもわたって、一つの家系から切れ目なく続く、などということは確率的にもありえない。

それでは何故、新しい実力者は天皇を追放、あるいは殺すなりして、自分がトップになろうとしなかったのか？　古代においてはそれを試みた日本人がいなかったわけではないが、周辺の貴族の反対で失敗している。

腕力で獲得した権力は人々に恐怖心を起こさせても、宗教的崇拝心は起こさせない。しかし天皇家は長期間にわたって徐々に俗権を失ってきたものの、長年つちかってきたその宗教的権威は、ゆるぎなく残っていた。

従って新しい実力者は、天皇が自分の存在に反対せず、その支配を認めるなら、天皇の権威を利用した方が良い、と考えた。天皇に自分の支配の正当性を認めさせたら、人々も従うだろうという計算である。

天皇家の側にも計算があった。武力という俗権力の再入手が不可能ならば、新しい実力者の武力支配を承認することによって、自らの宗教的権威の存続をはかる方が、賢明である、という計算だ。ここに両者の利害が一致して、天皇家は連綿として今日に至っている。

今一つ地政学的事情がある。

わずか三十キロメートルのドーバー海峡が、イギリスの歴史を、他の大陸諸民族の歴史と比べて、温和にすることに、決定的に作用した。革命の騒乱も緩和した形でしか入らなかった。

そして日本と大陸の間の海峡はドーバー海峡の五倍もある。日本は大陸の諸民族が経験したような異民族による根こそぎの破壊を、一度も蒙《こうむ》らなかったのである。これも天皇家が、民族の宗教的権威として、存続できた理由であろう。全ては歴史の偶然といえる。あるいは地政学的偶然といえるかもしれない。

天皇家の選択は、天皇家にとって賢明であった。日本史の初期を除き、天皇家は政治的権力を振るわなかったおかげで、権力者が人民に対して犯す罪業や凄惨な権力闘争と無縁のまま、圧倒的多数の人民の間では、土俗信仰的崇拝の対象として、一九世紀中旬まで続いたのである。

二　天皇崇拝の成熟

一六〇〇年、京都の東方約九〇キロの関ヶ原において、徳川家康の東軍は西軍を打ち破り、日本全土の支配権を得た。その支配権は一八六八年、明治維新によって日本が近代国家になるまで続いた。関ヶ原の戦いの後、天皇は過去にいつもしたように、新しい実力者、徳川家康に征夷大将軍の称号を贈り、その支配を形式的に整えさせた。天皇の宗教的権威は俗権的支配者に対する官爵の授与という形で体現していた。この「位」を「授け与える」という形式での、宗教的権威の維持である。

一方、家康は将軍の称号をもらわなくても、日本を支配したであろう。しかし称号を受けることによって、プラスすることはあっても、マイナスになることは決してないのである。

天下分け目の関ヶ原の戦いで敗れた西軍の封建領主の内、二人が生き延びた。一人は中国地方の毛利氏であり、もう一人は九州南端の島津氏である。毛利氏は戦闘に加わらなかったことと、武将間の駆け引きなどで、領土をほとんど四分の一に縮小されたものの、存続をゆるされた。

島津氏は関ヶ原から領地に逃げ帰った後、国境を閉じ、軍隊を動員し、徹底抗戦の構えを見せた。他方、当主は家督を息子に譲って引退し、恭順《きようじゆん》の意思を示した。つまり、殺しにくるなら徹底的に戦うが、許してくれるなら今後反抗しない、という姿勢である。何分にも日本列島の遠い南の端である。家康は島津の存続も認めた。

二つの封建領主、大名家は生き残った。家康は二つの大名家を日本の僻地にとじこめ、臣下の礼を取らせることで妥協した。

時は流れて二六八年後、反徳川の怨念《おんねん》を燃やし続けてきた二つの大名家の家臣団は、徳川幕府を倒し、近代日本建設の中心勢力になる。しかし倒幕の主要な動機は復讐のためというより、民族の危機と、それを克服するための近代国家建設の必要からであった。

もともと、徳川幕府に対する忠誠心が少ないため、倒幕と新国家建設に踏み切りやすかったのであろう。もっとも薩長の動きを復讐とみなす人々がいたことも事実だ。もちろん、主に徳川方の人々の間で。

政権を手にした徳川幕府は、一族の支配を永遠にするために外国の影響、特にキリスト教の影響を排除し、日本を外国から隔離し「化石化」しようとはかった。日本は鎖国時代に入った。しかし鎖国の中でも日本は化石にはならず、西欧ほど急激ではないが、経済的、思想的に発展を続けた。

封建体制の日本では、経済的には、領主は農民から主に米を徴収して家臣団に分配し、一部は商人の手を通して現金化し、現金でしか購入できない物の代金にあてた。ところが、現金でしか購入できない物の割合が増え続けた。過酷な取り立てをしても米の徴収量は同じ割合では増えない。

このアンバランスのため、幕末にはほとんどの藩が財政的に破綻《はたん》をきたしていた。商人からの借金で首が回らなくなっていたのだ。商品経済の発展にともなって、新しい商人階級が台頭してきていたのである。

藩財政の窮乏は、最下級の武士に、そのしわ寄せが最も強く押し寄せてきた。支配階級として教育を受け、高い気位をもちながらも、その生活は非識字階級の底辺の農民と変わらず、困窮を極めた下級武士たちは、そのような立場の青年がしばしばそうなるように革命的になった。

そしてこれらの下級武士たちが中心になって、倒幕と民族統一、近代国家建設のための運動が興《おこ》されることになる。

思想的にも発展が見られた。閉鎖された鎖国の中、日本の古代文学や歴史書の研究が進み、日本を他の世界から切り離した特別な存在として評価する考えが広まった。徳川を始め、代々の将軍は腕力で日本を切り従えたが、腕力の強いことと、血統的歴史的に正しいこととは違う。

日本の正統な支配者は、千年来京都で隠棲《いんせい》を強いられている天皇以外にはない。何故なら、天皇の先祖が日本を創ったのだから。

単純明快なこの論理は分かりやすい。加えて当時の日本には、民主主義や共和主義や、人民主権の思想はもとよりなく、そういう言葉自体さえなかった。そういう言葉は明治以降、西洋の書籍を翻訳する時、漢字の造語力を使って、初めて作られた。

その結果、「天皇を家長にした一家」という発想以外に、合理的に説明できる体制は思い浮かばなかった。

そしてユダヤ人がシオンの土地に神聖な宗教的感情を持つように、日本列島を「神州」と称し始める。その住民は太陽の神の子孫の直系である天皇を中心にした神の一族である。

日本は南蛮夷《い》狄《てき》の西洋はもちろん、日本文化の母国と思われていた中国とも隔絶した「神国」とされた。天皇を中心にした日本的ナショナリズムの構築である。このナショナリズムは、国是《こくぜ》としていた鎖国を無視して日本列島に無遠慮に入り込む欧米の捕鯨船や軍艦の出現によってますます強められた。

日本の鎖国は一〇〇パーセント完全なものではなく、少しだけ抜け道があった。非キリスト教国の中国、朝鮮、そしてキリスト教の布教をしないこと、つまり商売に専念することを約束したオランダだけが、江戸から最も離れた長崎港で貿易を許された。

このオランダとの交流は暗い地下室に差し込む一条の木漏れ日のように、知識の光を日本にもたらし、大量のオランダ語の書籍が翻訳された。

ニュートンの万有引力説や、その他ヨーロッパにおける主要な新発見は、ほとんど全てが鎖国時代の日本人に翻訳、紹介されていた。こうして鎖国の中でも、知識階級中心のものであったが、日本人は欧米の知識や世界情勢について、受け入れ続けたのである。

知識階級にとって、西洋の技術がすぐれていることは明らかだった。そして日本が鎖国を続けるなら、アジアの大国である中国が、一八四〇年、阿片戦争で西洋の軍事力に苦も無く打ち破られたように、日本も滅びへの道をたどることに気づき始める。

さらに英米仏蘭と毛利氏の長州藩、英国と島津氏の薩摩藩との小さな軍事衝突は、西洋の軍事力の強大さに、もっとも頑固な排外攘夷論者さえをも、目覚めさせずにはおかなかった。

佐久間象山《しょうざん》の「和魂洋才論」、つまり精神的には日本が、技術的には西洋がすぐれている。従って、優れた大和魂をもった日本人が西洋の技術を摂取すれば、日本は無敵である、という主張は、その後の日本の開国、および全面的な西洋文明の摂取に対する心理的障害を取り除いたと思える。

あるいは歴史を見直す風潮の中、古代において自然にではなく、自覚して計画的に外国、つまり中国の制度を参考にして、国家体制を整えた過去を思い出したこともあったかもしれない。

日本は鎖国から開国に変わった。開国を最初に決めたのは、ペリーの脅迫に負けた幕府だった。ただし開国の主たる動機は、外国の威光を背景にした支配権の維持を狙ったものであった。

その結果、日本の正統な支配者は日本を創った太陽の神の子孫、天皇以外にない、幕府の支配は不当であると考える倒幕派の人々は、心中開国の必要を感じつつも一時的にはあえて、「反開国」を唱えざるをえない、というジレンマに陥った。つまり尊王攘夷だ。その後、倒幕に成功したあと、彼らは一〇〇パーセントの開国に突っ走るのだった。

三　吉田松陰

天皇崇拝の高揚が幕末を揺り動かし、新しい民族国家建設のための心理的基盤を作っていった。この天皇崇拝、つまり勤皇思想家の代表の一人に吉田松陰がいる。

一八三〇年、彼は長州藩士の家に生まれ、幼時より利発で聞こえた。わずか十一歳の時、藩主の前で兵法を講義した。鋭敏な感受性で時代の危機を感じ取り、佐久間象山に師事し、西洋の科学技術が進んでいることを知った。

中国の孫子の兵法「己を知り、敵を知れば百戦危うからず」を実践するため、ペリー艦隊が江戸に来たとき、松陰は小船で夜中に乗り付け、密航を頼んだ。しかし、幕府との無用な摩擦を避けたかったペリーに断られる。渡航が死罪の鎖国時代の日本では、決死の破天荒の行動力であった。

航海の夢が破れた松陰は故郷（長州）に帰って私塾を開いた。松下村塾である。

そこで彼は、神国日本が西洋勢力の侵攻の前に存亡の危機にあること、救国のために一切の個人的、世俗的な打算を排し、死を賭《と》してたちあがらねばならないことを説いた。彼は幕府要人襲撃の容疑で逮捕され、江戸に送られるが、そこでも彼は、「救国のためであり、何一つやましいことはない」と言い続けた。彼はたとえ殺されても救国の至誠は訴えねばならない、と考えたのだ。

吉田松陰は処刑された。彼がもし死にたくなければ、発言を控えればよかった。あるいはすでに多くの心酔者を持っていたため、脱走を計画することもできた。

しかし彼は、ソクラテスのように自ら選んで死んでいった。彼はファナティックな錯乱の中で死んだのではなく、怜悧《れいり》、冷徹に死の意味を考えつくして、情熱的に死を選んだのだ。松陰は救国のためには一切を犠牲にしなければならない、ということを、身をもって実行した。

私自身、松陰が処刑の前日に書いた『留魂録』やその他の著作を読むたびに感動で胸が震える。一切の個人的、世俗的打算を排して、民族の大義に殉ずるその清冽《せいれつ》な精神は、他に類を見ない。

ソクラテスがプラトンなどの優れた弟子を育てたように、松陰の松下村塾は、救国のためには死をいとわぬ勇気と見識を持った優れた青年を輩出した。歴史に名を残す近代日本の国家建設者たちだ。

松下村塾は現代の巨大なビルを見た目からはもちろん、当時の城郭や寺社と比べても、まことに粗末な、わずか四三平方メートルの半農半士の日本家屋である。しかし、四三平方メートルの私塾で最高の純度に高められた天皇を中心にした日本的ナショナリズムは、それ以降、現在にいたるまで、日本における最大のイデオロギーとして、日本を主導し続けているのである。

四　列強の介入と強烈なナショナリズム

一八六八年、一五代将軍徳川慶喜は、フランスの支援の申し出を断り、関ヶ原の勝利以来二六八年にわたる一族の支配権を放棄した。そして自分の命を賭けて、新政府に完全な恭順の姿勢を貫いた。

もし慶喜がフランスの支援を受け入れたら、一時的に幕府の命を永らえさせたかも知れないが、このフランスの動きをイギリスは黙視せず、反幕府勢力に力を貸すなど、何らかの介入をしたであろう。一九世紀、英仏は世界各地で角逐《かくちく》を続けていたのである。当然、国内は大混乱をきたし、内乱は長引き、列強介入の機会を生む。その結果、大半のアジア・アフリカの諸民族と同じように、無力な日本は植民地化されていたに違いない。

慶喜は若いころ、「蘭癖《らんぺき》」と陰口を言われるほど、西洋の文物や情勢に興味を示した。当時の知識人がそうであったように、慶喜も西洋の発達した科学技術、軍事力のもとに、有色人種が征服されていく世界の情勢を知っていたに違いない。そして、日本を同じようにしてはいけない、と直感していたに違いない。慶喜の英断はやがて報われ、明治政府から最高の爵位を受け、その子孫は現在に至るまで、天皇家に次ぐ名家として尊敬されている。

他方、倒幕派の最高指導者の一人であった西郷隆盛は、イギリスの支援の申し込みに対して、「日本のことは日本人だけで解決します」と言って、それをきっぱり断ったという。外国勢力を国内に引き込まない、という幕府側、倒幕側の共通の決意が、その後の日本と、大半のアジア・アフリカ諸民族との明暗を分けた原因の一つだった。日本は統一民族国家を建設して発展し、他の地域は植民地に零落していくのである。

この時期、小さなエピソードがある。

天皇（京都）を抑えた新政府軍（薩長軍）に京都郊外で敗れた後、慶喜が完全な恭順の意を表明しているにもかかわらず、新政府にあくまで反対する幕府軍の一部は、徹底抗戦を叫び、日本列島を北へ北へと敗退戦を続けた。最後の戦いが北端の島、北海道で行われた。

その指導者は主君慶喜の命令さえ無視して、できたばかりの脆弱《ぜいじゃく》な新政府に武力で反逆した国家反逆者であるにもかかわらず、降伏した後、処刑されなかった。その理由は、降伏した敗者に対しては寛大であるべきだ、というような人道主義によるものではない。その指導者榎本武揚《たけあき》が、当時としては珍しくオランダに留学し、西洋の軍事、科学技術、国際法に通じていたからだった。

このような人材は新日本の建設にとって、もっとも必要だった。そして日本人である限り、国内では対立しても、こと国外の問題にかかわった時、日本を絶対裏切らない、という全幅の〝信頼〟が、日本人に共通して育っていたのだ。榎本は短期間の入獄だけで許される。

そして、外国事情に通じた最も有能な人材として、早くも一八七四年、榎本は新日本の特命全権大使としてロシアにわたり、翌年、千島樺太交換条約の締結に成功している。新政府が成功した最初の外交交渉だった。

この条約は一九世紀後半以降、非白人国家が白人国家と結んだ不平等でない、例外的な条約の一つだった。

この時期の日本人のナショナリズムは、次の例でたとえられるかもしれない。

もし邪悪な宇宙からのエイリアンが、地球人を滅ぼそうとして侵入してきたとする。このような状況におかれた時、地球人はユダヤ人とパレスチナ人も、インド人とパキスタン人も、中国漢族とウイグル族も、シーア派とスンニ派も、その対立がどのようなものであれ、対エイリアンとの関係においては、地球人を裏切り、宇宙から来たエイリアンに味方することは決してないであろう。これと似た感覚だ。海外からくる邪悪なエイリアン、つまり西洋人には決して味方することはない。この盲目的ともいえる感覚は、百数十年後の現在でも残されている。

一九八八年時点では、南アフリカのアパルトヘイト政策がいずれ崩壊することは、南アフリカのアフリカーナ（オランダ系住民）を除いた地球上の大半の人々の常識で、興味の対象は、いつどのような形で崩壊するか、ということだけだった。

しかし、百数十年前の世界では、ちょうど逆の常識が支配していた。いち早く産業革命を経て、卓越した経済力とその上に軍事力をもった西洋列強の支配下に置かれた有色人種は、永久にその支配から脱することはできない。白人の支配は永久に続くように見えていた。

その支配たるや、人種差別思想によって総仕上げされているため、有色人種は人語を解する家畜のような処遇を受け、家畜として有益であれば、生存を許されるが、家畜が人間としての誇りや独立を主張すれば、家畜のようにあっさり絞め殺される。人種差別思想の犠牲者、アウシュビッツのユダヤ人のように。しかもこのような状態が自分だけではなく、子々孫々、未来永劫《えいごう》にわたってつづくと思われたのである。

一八五九年に発表されたダーウィンの進化論、つまり弱肉強食、適者生存の論理は、白人の世界支配に一定の正当性を与えたかもしれない。幸いにも日本人は比較的早い時期に、この弱者、不適格者としての淘汰の危機感を持った。そして植民地に零落しないためには、自分たちが今奮起するほかない、と考えた。このような民族存亡の動物的な危機感が、明治の国家建設者の世代の共通の認識だったのである。

踏まれた足の痛さは、踏んだ人間には分かりにくい。人種差別思想で総仕上げされた植民地支配の野蛮さに対して、欧米人は未だによく理解していない。そして現在、支配層の一角に席を占めた日本人も同様だ。いずれにしても一九世紀の中頃から二〇世紀初めにかけて、世界が西洋の植民地に零落していく様を、日本の国家建設者たちは、戦慄をもって眺めていたのである。

ベトナム建国の父ホーチミンは、「民族の独立と自由ほど尊いものはない」と言った。世界最強のアメリカ軍に対して、後進的農業国のベトナム人は、アメリカ兵よりはるかに劣悪、過酷な条件下で、ゲリラ戦を戦い抜き、ついに勝利を得た。そのエネルギーは、共産主義思想によってカバーされているが、その核心は、民族解放に燃える強烈なベトナムナショナリズムだった。

同じように強烈なナショナリズムを、日本人は孤立した島の中で、一〇〇年以上前に確立していたのだ。伝説上の日本の創始者であり、かつ原始的な民族宗教、神道の祭祀者である天皇を中心にした、日本的ナショナリズムとして。

第三章　錯覚の帝国への道

一　国家建設者の世代の登場

明治維新

一八五三年のペリー来航以来、なす術《すべ》を知らない幕府の権威の失墜は、相対的に、天皇の権威を日ごとに高めていく。この傾向は、幕府の第二次長州征伐の失敗後、決定的になった。天皇の存在を無視しては、もはや日本の政治は考えられない情勢になってきた。

それどころか、天皇さえ押さえてしまえば、日本の支配に決定的な影響力を振るえる。チェスで女王をとってしまえば、勝負がつくのと同じだ。

京都在住の天皇をめぐり、幕府方と倒幕派の間で、天皇周辺の公家を巻き込んだ壮絶な権力闘争がはじまった。勝利したのは謀略にまさった倒幕派だった。その過程で頑固な排外攘夷主義者として知られていた孝明天皇が急死し、満一五歳の息子が新天皇に即位した。明治天皇だ。父の天皇の急死について、当時から倒幕派による毒殺説が流れていた。倒幕後、欧米の文物の全面的摂取によって近代国家を建設しよう、と決意している人々にとって、頑固な排外攘夷主義者がトップにいることは、なんとも具合が悪いのである。

江戸時代、日本には二百数十もの藩があった。各藩は独自に軍、警察、官僚制度を持ち、時には紙幣も発行していた。藩は一種の独立国だ。人民は藩主の許可がなければ、他藩に移住することもできなかった。これらの藩の中の最大のものが徳川家だった。徳川家と他藩の関係は、制限主権論を振りかざした往年のソビエトロシアと、東欧諸国の関係に似ている。

徳川幕府が強大なころは、各藩に対して、生殺与奪の権を持っているように見えた。しかし、幕府が経済的に疲弊する一方、一部の藩は藩政を改革し、財政を再建した。その中に四カ国艦隊と戦った長州藩と、英艦と戦った薩摩藩があつた。両藩はともに西洋勢力との戦闘で多くを学び、洋式軍隊を編成した。この新設の洋式軍隊では、最も勇敢で賢い人間が、最も責任ある地位についた。封建時代の世襲による門閥主義ではなく、実力主義だった。

その後、両藩は倒幕のために同盟した。さらに彼らは京都において〝玉取り競争〟(当時、倒幕、新国家建設派は天皇を隠語で玉と呼んでいた)に勝利した。この勝利と同時に、彼らは取ったばかりの玉＝少年天皇の名前で、将軍追討令をだした。この追討令は、その後の民族統一と新国家建設に向けて、次々に出される天皇の命令のはしりだった。

このような状況で一五代将軍慶喜は、天皇に日本の統治権の返上、つまり大政を奉還し、最後の将軍になった。この大政奉還を受け、新政府は一八六七年末、王政復古の大号令をだしたのである。

新政府側の薩長を中心にした新設の洋式軍隊は幕府軍を圧倒し、旧封建体制の命脈を絶ち、二六八年ぶりの大政変を力で確認した。

近代国家建設のスタートにおいて王政復古、つまり古代の王政に復古しようという号令は、一見アナクロニズムに見える。しかしこの号令は国家建設者たちの優れた現実感覚を表していた。社会の大変革を始めるにあたって、王政復古のスローガンは保守的な人々の心理不安を減殺《げんさい》し、変革に正当性を与えた。

しかしこの号令は、同時に日本の将来の不気味な予告でもあった。重大な欠陥を内蔵していたのだ。

もっぱら下級武士と少数の革新的公家からなる新政府が、王政復古の大号令をだしても、従来の藩はそのままであり、とても統一国家とは言えなかった。そこで新政府は封建藩主たちに呼びかけ、腕力で切り取った土地と人民を本来の持ち主、古代国家の時のように天皇に返すよう訴えた。しかし既得権を侵害しないように、天皇に返すと同時に、天皇の名前でその土地の責任者に任命しようというのだ。

他方、主要藩の精鋭を天皇の元に集め、新政府軍を編成した。宗教的権威であり、官爵の授与者である天皇は、もともと自前の軍隊を持っていなかった。そこで、これに軍隊を付与し、名実ともに国家の柱にしようとしたのだ。

新政府軍の中心は、倒幕に最も貢献した洋式軍隊だった。実力だけで洋式軍隊のリーダーになった進取の気性に富む青年たちは、そのまま新政府と新政府軍のリーダーになっていったのである。

こうして兵力を整えた後、わずか二年後には、新政府は任命したばかりの藩主たちを首にして藩は廃し、旧藩の藩境を参考にしながら、新しい行政区画を創り、自らがその責任者になっていった。

この一種ペテン的なやり方によって、先祖伝来の遺産を一挙になくした旧封建藩主たちは、たとえ不満があっても、ブツブツ愚痴を言うぐらいでなすすべは全くなかった。何故なら、用意周到な旧家臣団は天皇の政府を握り、民族の滅亡を防ぐために、強力な統一国家を建設している、という大義名分を持ち、そして軍事力をほぼ独占していたからだった。

日本は封建的な小国分立状態から、中央集権による統一国家になった。広大なアジア・アフリカ地域における最初の近代的な民族国家の誕生だった。

錯覚劇の創作

第二次世界大戦後に独立した国々が、独立後の社会建設に多くの困難を経験しているように、社会建設は華々しい民族の独立より難しい場合がある。それは脚光を浴びることの少ない、地味な努力を積み重ねねばならないからだ。

しかし、進化論そのままの弱肉強食、適者生存の動物的な一九世紀に生きた日本の国家建設者たちは、民族存亡の動物的な危機感に駆られ、必死の努力でそれをやり遂げた。社会建設に対する彼らの真摯さは、第二次大戦後独立したアジア・アフリカ諸国リーダーたちの及ぶところではない。

米を中心にした物納から貨幣納、つまり近代的税制。身分にしばられない近代的国民軍制、近代的義務教育制、鉄道網、様々な殖産興業、そして近代的法制度などである。そのスローガンは〝富国強兵〟だ。これらの施政に対して摩擦、反対はあったが、新政府は常に天皇の権威を一〇〇パーセント利用して、克服していった。

新政府が最初に行った事業は遷都である。江戸を東の都、東京と改名し、元将軍の居城を天皇の住居にした。天皇は約一〇〇〇年間すみなれた京都から東京に移った。日本の支配者が将軍ではなく、天皇であることを江戸の人々を始め、日本中の人々に示すためだ。

もう一つの理由は、古代国家の色彩を残す旧弊な京都の公家社会から少年天皇を引き出して、近代国家にふさわしい新しい宮廷をつくるためだった。京都から天皇についてきた旧宮中人は、しだいに排除され、東京の新しい宮廷および新政府においては、武士出身者が中心を占めた。天皇は一人だけ、新しい宮廷の官僚組織にはめ込まれた。また明治政府は折をみては、天皇を出来たばかりの日本の各地に巡幸させた。

第二次世界大戦後独立したアジア・アフリカ諸国と違い、明治維新において、日本人が比較的速やかに社会建設に成功したもう一つの理由は、伝統的封建的価値観を変更する必要がなかったからだ。武士階級にあった主君（封建藩主）に対する忠誠心を人民全体に広げ、天皇に対する忠誠心にかえるだけでよかったからだ。

明治維新のころ、共和政体はすでに紹介されていたが、それは極めて少数の知識人のあいだだけであり、人口の大半を占める農民はもちろん、武士階級にもあまり知られていなかった。もし共和政体を目指していたなら、誰がトップになるか、という問題を中心に、もっと大きな政治的混乱を続けていたであろう。

しかし、基本的な価値観の変更がなかったとはいえ、明治維新は日本人に大きな解放、自由をもたらした。小国分立の封建社会では、人民は自分の職業や居住地を自由に選ぶことができなかった。人民は士農工商の封建的身分制と土地にしばられていたが、それが明治維新によって一挙に自由になった。

その解放者が巡幸する明治天皇だった。明治天皇は数百人の従者を従え、厳粛な儀式をともなってやって来た。その姿は沿道の人民からはほとんど見えなかった。もしチラリとでも垣間《かいま》見られたら、その人物が金ピカの洋式軍服を着用していたことが分かったであろう。

ともかく、明治天皇は厳粛なだけでなく、封建社会の桎梏《しっこく》から人民を解放した名君でもあった。その開明的名君を、より輝かしい尊崇の対象にするために、政府は人民に徹底的な教育を施した。どのような僻村《へきそん》のどのような貧しい家にも、学ばない人がいないように施行された義務教育において、日本人は西洋の科学技術とともに、天皇崇拝を徹底的に教え込まれていくのである。

江戸時代、北海道の一部を除き、日本列島には風俗、習慣、言語を共通にし、血縁的にもつながった民族集団がすでに形成されていた。しかし、一般の庶民の間には、現在の日本人に見られるような特別な天皇崇拝はなかった。さらに言えば、彼らには日本人意識もなかった。あったのは藩意識だけだった。

江戸時代末期になると、五~七パーセントの武士階級を中心にした知識階級の間で、日本の正統な支配者は天皇であることに、認識はほぼ一致していた。しかしこの世論は、圧倒的多数を占める非識字階級の日本人全体のものではなかった。圧倒的多数の日本人には、日本列島全体の公的な問題に関心をもつ習慣自体がなかった。つまり世論自体がなかった。

庶民の中にある宗教的観念としては、浄土思想や輪廻思想のような仏教系の思想と、お稲荷様信仰や村の鎮守様信仰、あるいは金毘羅参りやお伊勢参りのような、原始的土俗的信仰があるにすぎなかった。天皇はそれらの様々な原始的土俗的信仰に似た、はるかなる「よく分からない存在」であった。

明治の専制政府は、義務教育の強制の中で、庶民の生活の中にあった様々な原始的土俗的宗教観念の頂点に立つ、特別神々しいものとしての天皇崇拝を、全ての日本人に教えこんでいった。全ての学校の敷地内に、天皇の写真だけを飾る小さな神殿が造られ、ことあるごとにその写真に最敬礼させた。小さな神殿は奉安殿と呼ばれた。偶像崇拝の極みだった。

国家を守る軍隊の中枢を担う士官の養成学校では、授業料はもちろん、寮費も無料にし、貧富を問わず、最も広い範囲から最も優秀な生徒を集めようとした。この士官教育でも、天皇崇拝を軸にした思想教育を徹底した。一八八二年に公布された「軍人勅諭」では、「我国の軍隊は、世々天皇の統率したまふ所にぞある」から始まり、「朕《ちん》は汝ら軍人の大元帥」であり、「朕《ちん》が国家」のために死ぬことは「鴻毛《こうもう》より軽しと覚悟せよ」と諭《さと》された。

明治の専制政府は、文明諸国が全てキリスト教国であり、その核心に神の観念のあることを知っていた。そこで、西洋の神に対応する新しい天皇の観念を創りあげようとした。

教科書はやがて国定になった。異端は一切認められなくなったのだ。神話に始まって現代にいたる、日本の統治者としての歴代の天皇の名前（昭和天皇は一二四代目）を覚えることは、戦前の日本の小学生にとっては最も重要な徳目となった。つまり皇国史観による教育だった。

また明治政府は華族令、華族世襲財産令を設けて、崩壊した京都の公家社会に代わる新しい華族制度を作った。旧公家と旧大名、それに明治維新で功績のあった成り上がり者が新しい貴族になった。一五代将軍、慶喜は最高の公爵を授けられた。

新しい華族制度の目的は、天皇と人民の間に壁を作り、天皇の楯になることであった。また、天皇と人民の直接の接触を防ぎ、天皇を人民から遠ざけ、天皇の神聖さを演出するためだった。そして天皇に対する空想力を、人民にかきたてさせようとした。

新しい貴族は天皇と同様、その家系を存続させるため、財産に相続税を掛けられず、売却も制限された。財産を増やすことは認められる一方で、一定以下に減らすことは認められない。人民がもし華族に金を貸して、万が一焦げ付いても、その財産を差し押さえることはできなかった。

自由民権運動

江戸時代、日本人はすでに多くの本を翻訳していたが、徳川幕府が認めたのは自然科学に限られていた。しかし維新後、欧米の文物の洪水のような摂取の中で、ほとんど全ての本が精力的に翻訳、出版された。権力闘争に敗れて下野した国家建設者の世代の一部は、ルソーの『社会契約論』などに触発されて、自由民権運動を始めた。彼らは洋才ならず洋魂、つまり精神的理念をも受け入れたのだ。

明治政府はペテンと武力で旧勢力を倒して権力を確立した後、天皇の名前を勝手に使って命令を出し、税金を徴収したが、その権限は人民の選挙によって権威づけられたものではなかった。

この専制状態に、自由民権運動は猛然と噛《か》みついた。そして地方の半封建的地主や新興ブルジョアジー、その他の人民の支持を広範に集めた。権力を握っていた連中もその勢いを無視できなくなっていく。

彼らは進んだ西洋の文明国は卓越した経済力、軍事力とともに、国民議会を持っていることに気づき、文明国に伍《ご》していくために、日本にも国民議会が必要だと考えた。十数年に及ぶ自由民権運動の嵐は、日本に議会政治という新しい政治制度を実現させたのである。

議会開設にあたり、大日本帝国憲法（明治憲法）も作られた。それは一八七一年の普仏《ふふつ》戦争勝利後、隆盛目覚ましい軍国主義のプロシャの憲法を参考にしたものだった。厳《おごそ》かな言葉で天皇から人民に下賜した前文に続き、第一条は「大日本帝国ハ万世一系ノ天皇之ヲ統治ス」、第三条は「天皇ハ神聖ニシテ侵スヘカラス」とされた。続いて第四条では「天皇ハ国ノ元首ニシテ統治権ヲ総攬シ」、第一一条「天皇ハ陸海軍ヲ統帥」し、第一三条では「天皇ハ戦ヲ宣シ和ヲ講シ」と明記されている。

第五五条の2では「凡テ法律勅令其ノ他国務ニ関ル詔勅ハ国務大臣ノ副署ヲ要ス」とある。つまり国務大臣の副署（承認）がなければ、法律がつくれない。しかしその国務大臣は、天皇が任命する。第一〇条には「天皇ハ行政各部ノ官制及文武官ノ俸給ヲ定メ及文武官ヲ任免ス……」とある。

つまり天皇は全ての文官と武官を任命かつ罷免《ひめん》できる。そして軍隊の統帥権をもつ。このような明治憲法の文面を素直に読むなら、天皇は人事権を手始めに、一切の権限の源になっている。軍は政府の指揮下にあるのではなく、政府と同列で天皇に従属している。つまり天皇は法体系上、専制君主ともいうべき大権をもっていることになる。

しかし、実際の事績を見る限り、明治天皇がこのような大権を行使したことはない。彼は生涯「君臨しても統治しなかった」のである。何故か?

もっぱら下級武士からなる国家建設者たちは、元主君の意向を無視して彼らから土地と人民をとりあげたように、その後の社会建設においても、明治天皇の意向など一《いっ》顧《こ》だにしなかった。自らの明敏な頭脳と強固な意志以外、何物にも彼らは頼らなかった。

眼前の巨大な問題を現実に解決しようとした時、生身の少年天皇に何の力もないことはあまりにも明らかであり、その現実を彼らは十分に知っていた。

幕末、原始宗教に源を発する天皇崇拝と、神国思想で育った彼らは、その観念が純粋なだけに、ただの少年の生身の天皇と、その観念の乖離に気づいていた。しかし、それは感覚的なものであり、西洋の宗教や哲学の素養がないため、私が第一章で行ったように、論理的に乖離を分析したわけではなかった。直感的に気づいていただけだった。しかし、気づかないよりは、ずっとマシだった。

そして現実的な面では、ひたすら天皇を道具として利用した。幕末における〝玉とり競争〟には、常にこの論理が流れている。民族統一だけでなく、その後の社会建設の手段としても、当然ながら、彼らは天皇を利用した。

人民のレベルは低い。必ずしも信を置けない。吉田松陰が「狂夫の言」で心配したように、親切そうに近づく外国人（西洋人）に騙されることのないよう人民を教育して、固く団結した民族国家を建設しなければならない、と彼らは考えた。

その民族国家の要に天皇を置いた。そしてこの時、要をより重々しいものにするために、伝統的な天皇崇拝にプラスして、西洋の絶対主義の感性を加味し、西洋のキリスト教の神に対応する新しい天皇の観念を創りあげようとしたのだ。

そのため、生身の天皇と人民の間に貴族という塀を設け、厳粛な儀式を通してしか、天皇とは接触できないようにする。こうして天皇に対する空想力を掻き立てる装置を作っておいて、他方では、学校教育を基本に軍隊教育や役所の公式行事などで絶対的な天皇崇拝を教え込んでいった。

ちなみに、ここに至るまでの天皇個人そのものは、すこぶる脆弱《ぜいじゃく》な存在であった。実力はゼロだったのである。例えば民族統一、新国家建設につながる一連の大事件、薩長同盟（一八六六年）、大政奉還（一八六七年一〇月）、王政復古の大号令（一八六七年一二月）、将軍追討令（一八六八年一月）、戊辰戦争（一八六八年一月～翌年五月）、東京遷都（一八六九年）、版籍奉還（一八六九年）、廃藩置県（一八七一年）、学制の公布（一八七二年）など、どれをとっても、自分がイニシアチブを取ったものはない。と言うよりもとれなかったのである。

このような状態が二〇年以上続いた後、一八八九年、憲法発布によって突然、法体系上で大権を与えられたからといって、従来のやり方をかえ自分を取り巻く男たちの意向を抑えて大権を行使することなど、明治天皇には思いもよらなかったであろう。彼らは明治天皇にとって余りにも強大な壁だった。さらに疑えば、自分を取り巻く男たちは、一五歳の少年に強烈な印象を与えたに違いない父の天皇の急死にかかわりあるかもしれない男たちなのだ。

こうして明治天皇は法体系上ではなく、慣習上「君臨すれども統治せず」に終わったのである。

もっとも実権を振るった男たちは、天皇には君臨させるのみ、などと軽率なことは一言も言わない。実態はそうでありながら、彼らはあくまで天皇の意思の執行者である、というポーズをとり続けた。

彼らの解釈では、憲法における天皇の大権は、皇祖皇宗に始まる皇統全体にあり、個々の天皇にあるわけではなかった。個々の天皇に統治者としての実権がない以上、実態は君臨させても統治させず、という外ない。伊藤博文の『憲法義解』には、王政復古の大号令と自分たちの統治の実態が背反しないようにする苦心の跡、その合理的精神が読み取れる。

しかし明治憲法の文面にはその真意は表われず、人民に広く流布されたのは、憲法の条文だけだった。明治憲法は近代的な法治国家としての体面を整えるものであり、不磨《ふま》の大典として讃えられ、それ以降の国家運営の指針となった。もし国家建設者たちが、その真意を直截《ちょくせつ》に表現した憲法をつくれば、彼ら自身がその政治的地位を失うであろう。なぜなら彼らは天皇の権威と権力の簒奪者だったが故に、その政治的地位を維持できたのだから。

以上を要約すれば、次のように言えるだろう。

明治の国家建設者たちは、伝統的な天皇崇拝の観念を駆使して民族を統一した。その後の社会の大変革を伴う近代的な民族国家建設の過程でも民族の団結の要に天皇を置いた。さらに文明諸国のキリスト教の神に対応するものにすべく、天皇崇拝を変質、強化しようとした。

それは欺瞞《ぎまん》的な錯覚の強化であった。岩倉具視、大久保利通、伊藤博文たちは、いわば日本列島全体を舞台にした壮大な錯覚劇を創作したのである。この錯覚劇に臣下の役で出演しながら、実際においては演出家であり、舞台監督であり、脚本家であった。彼らの書き上げた軍人勅諭、明治憲法、教育勅語、その他の明治の法令、勅語などは、錯覚劇の台本だ。

特に大きな影響力を振るった明治の寡頭《かとう》体制の政治家たちは、自分自身、天皇個人に対する崇拝心など全くなかったくせに、他人つまり人民に対しては、錯覚による天皇崇拝を要求したのである。彼ら自身は民族国家建設のために、本音ではなく建前上、天皇崇拝を演じた。満一五歳で即位した少年、明治天皇は主役を演じさせられたのである。
この錯覚劇には観客は予定されていない。強《し》いて言えば、観客は日本人以外の外国人であろう。観客の一人であったドイツ人宣教師ムンチンガーは優れた日本紹介の本『ドイツ宣教師の見た明治社会』の中で述べている。

しかし最近数十年の大きな改革の創始者が天皇だったと考えてはいけない。何十人もの先任者と同じように、陰の皇帝になるようにしか教育されていないものに、そんなことができるはずはないのだ。（中略）天皇はヴィルヘルム一世ではないし、皇后はいくら三十一文字の詩で大衆が感嘆するものを作ったといっても、貴族の女学校や集会にお出ましになったといっても、ルイゼ王妃ではないのである。本当のところは、イトー、イノウエ、ヤマガタ、マツカタ、イタガキなどの本当に賢い政治家が、自分たちの計画を遂行するために天皇を悪用しないまでも隠れみのにしているのだ。これらの人々が、過小評価してはならない外国人顧問の助けで、新生日本を創造したのであり、近代的国家日本を作ったのである。

日本は富国強兵に成功した。この成功を如実に示したのが日清戦争（一八九四～九五年）と、それに続く日露戦争（一九〇四～一九〇五年）の大勝利である。後進国の小さな島国の日本が、大清国のみならず、西洋の大ロシア国をも打ち破ったことは、世界を瞠目《どうもく》させた。有色人種の国が白人に勝つなどということは、当時の世界では、一種の奇跡に見えたのだ。

この二つの戦争を指導した政府と軍の首脳は、全員幼少年時、あるいは青年時に明治維新の動乱を経験している国家建設者の世代だった。

一九一二年、明治天皇はなくなり、次の大正天皇が即位した。この頃から日本の指導者層は、明治維新を経験した国家建設者の世代から、その後継者世代に移っていく。

一つ心残りがある。私に時間があれば、政界、軍隊、官僚、実業界の指導者層の年齢を調べだし、その中に占める明治維新の経験者の割合を算出して、国家建設者の後継者世代が実権を握った時期を、もう少し実証的に説明したかった。

しかし、社会状態、人々の気質、人間の生理的寿命から見ても、一八六八年から四十四年たった明治天皇の死亡時を、ほぼ世代交代の始まりの時期としても、良いように思う。おそらく実証的統計的調査の結論と大差ないと信じて、論を進めたいと思う。

二　国家建設後継世代の登場

大正デモクラシー

大半が無神論者であり、冷徹な合理主義者、リアリストの国家建設者たちは、日本列島全体を舞台に、全住民を出演者にした壮大な錯覚劇を創りあげて退場した。その後、残された舞台で残された台本を、忠実に演じる世代が登場した。

彼らは錯覚劇の中で生まれ育ったために、劇と現実の区別がつかず、劇を現実と思う錯覚の世代であった。錯覚と承知の上で演じた人々と、錯覚を錯覚と気づかず事実と信じた後継者の人々の間には、質的な違いが生じていた。後継者世代は錯覚劇の中で教えられた、神話に始まる皇国史観と神国不敗（神州不滅）を事実と信じる迷信の世代になっていたのである。

他方、それに反する合理主義、リアリストも少数派ながら存続していた。彼らは眼前の政治の在り方に疑問の目をなげかけた。例えば議会の開設により、法律は議会でつくられ、国家予算は議会で審議され、運用が決定されるようになった。しかし選挙権は、最初は多額納税者上位の一パーセント強の男性のみであった。

この矛盾に彼らは噛みつく。選挙権拡大の運動は続けられ、やがて成人男性全てが選挙権を獲得した。一九二五年だった。やがて二大政党で政権を交代する政党政治も始まった。

明治の中頃、国家建設者の世代の一部が始めた自由民権運動は、選挙権拡大の運動になるとともに、次の世代では、人民による農民運動、労働運動、女性解放運動、そして社会主義運動などに引き継がれていく。

そのうち、これらの一部は天皇制打倒、共和制樹立を叫び始めた。一九二二年に結成された日本共産党は、その綱領草案で「君主制の廃止」を政治的要求の第一に掲げている。共和政体は明治維新のころから知られていたが、一定の規模の政治勢力によって主張されたのはこの頃からである。

これらの左翼勢力は選挙ごとに躍進したとはいえ、二大政党に比べると、数パーセントの取るにたらない支持率だった。しかし、体制にとっては、看過《かんか》できない脅威と感じられたのである。

こうして大正時代は自由、平等、民主主義を求める合理主義者、リアリストと、軍部を中心にした迷信を信じる勢力のせめぎあいの時代だった。大正デモクラシーの時代と言われている。しかしその後、最終的に勝利したのは、神話に始まる皇国史観と神国不敗を信じる迷信の側だった。

第一次世界大戦後、ドイツの左翼は国民の三分の一の支持を得、今にも権力を握りそうだった。しかし最終的に勝利したのは、左翼の急進に危機感を募らせたプチブル層と経済界の支持を得たナチスだった。それと似たところが日本にもある。

そして大正天皇は明治天皇と同様に、君臨するだけで統治しなかった。否、彼は精神障害があり、統治どころか、実は君臨するための儀式さえ危うかった。

錯覚の帝国の完成

一九二六年一二月、病弱で精神障害もあった大正天皇は亡くなり、長男のヒロヒトが百二十四代目の天皇になった。「昭和天皇」と呼ばれる。一九二八年十一月の即位式は大規模で荘厳な演出がなされた。古代の服をまとった太陽の神の子孫、天皇が日本を万世一系で統治していることを誇示するためだった。この即位式は国民に強烈な印象を与え、錯覚をより強化するように演出された。

東京帝国大学の教授であり、貴族院議員でもあった美濃部達吉は天皇機関説を唱えていた。国家は一種の法人であり、天皇はその一機関にすぎない、という主張である。いまふうに言えば、株式会社のオーナー社長と、その会社の関係であろう。社長といえども法に従わねばならない。またこの説だと社長（天皇）が死んでも会社（国家）がなくなるわけではない。この説は国家建設者たちの真意を、より正確に語るものだった。

しかし、明治の国家建設者たちの残した錯覚劇の台本のどこにもそのようなセリフはなかった。そのため、天皇崇拝の教育と儀式で育った日本人は、天皇の観念と生身の天皇の乖離など毫《ごう》も疑わず、天皇崇拝をますます昂じさせ、天皇を神秘視した。そしてついに天皇は「現人神」つまり、生神になったのだ。キリスト教の神に対応させようとした国家建設の第一世代の企画は、この時期、完全に成功開花した。

このような天皇の神秘視、「現人神」観を心底から信じたのは、主に中流以下の日本人だった。その中心は、大半が貧しい農村出身者からなる軍部だった。かれらは実際の天皇と接触する機会など全くなく、ひたすら空想するのみだった。

このような人々にとって、天皇を国家の一機関などということは、許せない侮辱である。美濃部は迫害され、一九三五年には東京帝国大学の教授の椅子《いす》と、貴族院議員の席を失った。美濃部の著作は、それ以前から行われたマルクス主義系の著作と同様、発行を禁止された。国家建設者たちの真意を分析した清水伸の『帝国憲法制定会議』も、一九四〇年発行と同時に発禁になった。

天皇は実際の政治には関与できない、という説は、この時期、政府自身によって否定された。明治の国家建設者たちとの明らかな相違である。関与できないどころか、政治の面においても、最高の実権者と認識された。

やがてさらに現人神たる天皇は、実権者であるだけでなく、国家の一機関を超えた国家そのものであらねばならなくなってくる。「朕が国家」（軍人勅諭）だった。そして「現人神」たる一個人が即国家である、というユニークさこそ、日本を日本たらしめているのであり、他国に例のない優れたものだ、と軍部や超国家主義者は自慢した。

彼らは他国に例があることに気づかなかったのだ。彼らの生きている時代には確かにその例はなかったが、彼らが生きていなかったはるか昔にその例があることに、彼らは気づかなかったのだ。こうして日本の現代の天皇は古代エジプト王朝のファラオやインカ帝国の皇帝と同じになったのである。

日本の天皇は西欧近代の絶対主義国家の国王より、理論的にははるかに原始的だ。なぜなら『朕は国家なり』と言ったルイ一四世の王権神授説では、王と神は別々だった。王権は神から授けられた、という説だからだ。しかし、「現人神」説では王と神は同じだ。俗権と神権の未分化な原始的主張と言う外ない。

問題は二〇世紀の近代工業を誇る一億人近い大民族が、このような先祖返りをしたことだ。このような原始宗教的理念によって支配されて以来、日本では理性的、批判的なことは未開民族のタブーのようにタブーとなった。許されることは「現人神」に対する盲目的崇拝と忠誠だけであった。

そこは個人の尊厳あるいは人権、という近代的人間観が全く許されない《精神的には原始的な古代国家》であった。二〇世紀の近代兵器で武装はしているが、《精神的には原始的な古代国家》であった。

明治維新の王政復古の大号令が、皮肉と言うべきか、ここに文字どおり実現したのだ。大日本帝国、「現人神」の統治する《錯覚の（上に建設された）帝国》の完成であった。

一八九〇年、明治憲法発布の直後に公布された教育勅語では、「臣民克《よ》ク忠ニ」することは、「教育ノ淵源」であり、「一旦緩急アレバ義勇公ニ奉シ以テ天壌無窮ノ皇運ヲ扶翼《ふよく》スベシ……」とある。子供たちはほとんど暗唱するまで、これらの言葉を教え込まれた。

一九三七年、文部省が全国の小中学校に配布した『国体の本義』では、天皇崇拝はさらにエスカレートした。

　忠は、天皇を中心とし奉り、天皇に絶対随順する道である。絶対随順は、我を捨て私を去り、ひたすら天皇に奉仕することである。この忠の道を行ずることが、我等国民の唯一の生きる道であり、あらゆる力の源泉である。されば、天皇の御ために身命を捧げることは、所謂自己犠牲ではなくして、小我を捨てて大いなる御稜威《みいつ》に生き、国民としての真生命を発揚する所以である。

　このような教育により、ナチスの支配下におかれたドイツ人の多くが、同じ民族に征服されたかのように感じたのに対し、日本人は少数を除き、大半は錯覚の帝国の秩序を従順に、一部は進んで受け入れた。

　私は二〇歳すぎの頃、教会の中のもっぱら学生からなる聖書研究会に所属していた。

　ある時、牧師に質問したことがある。

「神を信じることは神に、つまり他に従うことだから、主体性を失うことにならないだろうか？」と。

牧師は「信じることは主体性を失うことではない」と答えた。

その時は説明の不十分なこともあって、よく理解できなかったが、その後、よく理解できるようになった。つまり簡単に言えば、自分の中の神の声に従うことは、自分の外の現実の世界において、主体性を増すことはあっても失うことはない、ということだ。

しかし神が自分の外の生きた人間であったらどうなるのか？

その答えは錯覚の体制の中で生きる現在の日本人に見られる。そして古代国家の民にも見られる。その具体的批判は第四章の三以下で後述する。

私は一九四二年生まれの日本人だが、近代教育を受け、近代工業を持った一億人近い大民族が精神的に一種の先祖返りをした現象に、未だに不思議な感じを抱《いだ》く。教育の恐ろしさという以上に、人間の精神の発達について考えさせられてしまう。

それは教育もあり、道徳心もあるはずのドイツ人のナチスによるユダヤ人絶滅計画とともに、人類の将来に重い教訓を残す。このような狂気は、日本人やドイツ人の専売特許ではなく、条件さえそろえば、どの民族でも犯しうるのではないか！

万人が平等で自由な発言を認められる民主政治の実施以外に、このような狂気の再現を防ぐ方法はないであろう、という思いとともに。

明治憲法の欠陥

国家運営の指針となった明治憲法は不磨の大典と讃えられた。しかし実際には、国家を破綻させる欠陥があちこちにあった。

国家建設者の時代は、政府と軍の間で、意思が大きく齟齬《そご》をきたすことはなかった。彼らは政治的テロの嵐と戦乱の中を運よく生き延びて、維新建国の大義に参画した同志であり、人的にも太いパイプで結ばれていた。

しかしその後継者世代になった時、士官学校出身の職業軍人と、もっぱら普通大学出身からなる国会議員、および文官・政府との間に意思の齟齬をきたし始める。

軍人たちは「自分たちは天皇に直属しているのであり、政府の指図を受けるいわれはない」と言い始めた。それは「軍に対する天皇の統帥権を侵害する不忠行為」というわけだ。確かに、明治憲法の文面を素直に読めば、そのように解釈できる。政府と軍は天皇の下で同列に併記している。

その結果、政府が日本の経済状況や国際関係に配慮して、一定の理性的政策、例えば軍縮をしようとしても、軍は軍事的視点からだけの狭量な考えで、異議を唱えた。異議が受けいれられない場合は、軍出身の陸軍大臣、海軍大臣は辞職あるいは辞職の脅しをかけた。当時のシステムでは、陸軍大臣、海軍大臣がいなくなれば、政府はつぶれる。

こうして日本の政治は軍の意向を無視しては、何一つ動かなくなっていった。この時、軍を制御できるのは、法体系上にも天皇しかいなかった。このような背景のもとに、やがて軍人は政治全体を牛耳るようになっていくのである。

それでは軍人支配が起きるような法体系を、国家建設者たちはなぜつくったのであろうか？

国家建設者たちは救国の一念から明治維新の大業を成し遂げた。それはアメリカ合衆国の建国のように、人民の幸福や自由のためではなかった。

彼らは下級とはいえ、支配階級の武士の出身だった。そのため、必ずしも人民に対して信を置いてはいなかった。彼らにとっては、蒙昧《もうまい》な人民は教化の対象だった。憲法を作り議会政治を始める時に、教化の対象である人民に選出された議会に、信を置ききれなかったため、国を守る軍隊だけは、自分たちの手中に残そうとした。それは議会や政府から切り離し、軍を天皇に直属させることだった。

政府は議会に法律案や予算案を提出して、審議をうけ、賛同を得て実施する。政府もまた議会から一定程度の掣肘《せいちゆう》あるいは影響を受ける。

軍を自分たちに残す一番確実な方法は天皇に直属させることだった。彼らにとっては、何を言い出すか分からない人民選出の議会に比べたら、天皇一個人などは、手のひらに乗せた駒同然だった。

憲法ができる前、一八八二年の軍人勅諭で、軍人は政府や人民ではなく、天皇個人に忠誠を誓わされていた。ナチスの軍人がヒットラー個人に忠誠を誓わされたようにである。こうして大日本帝国の陸・海軍は、法体系上、いわば天皇家の私兵のようになったのだ。天皇の軍隊「皇軍」の発生だった。

明治の国家建設者たちは軍人（武士）出身でありながら、本質的には政治家であり、政治家として日本の国力や国際情勢に対して、冷徹な洞察力を持っていた。自分たちの建設した国家に対して、個人的にも責任感を持っていた。そして自分たちの後継者たちも自分たちと同様に、冷徹で責任感があるはず、そう信じたのである。

彼らは誤算したのだ。彼らは民族国家の建設には成功した。しかし、民族国家の団結の要に、生身の天皇崇拝をおくことが、将来どのような民族性をつくるのか、ということまでは全く考えなかった。

特定の一個人を盲目的に崇拝し、従うことを習性にしている人や集団は、その特定の一個人以外の、例えば民族全体に対する責任感を持ちえないこと、さらに特定の一個人を盲目的に崇拝し、従うことを習性にしている人や集団は決して賢くならないこと、逆に愚かになることを、彼ら国家建設者たちは考えなかったのだ。

この誤算が次の世代で露呈することになる。それは日本にとって明暗を分けた二つの世代の対外戦争に、端的に現れた。

日露戦争と日米戦争の比較

近代日本が行った戦争の内、最も大きなものが日露戦争と日米戦争（第二次世界大戦）だ。そして国家建設者の世代が行って、日本が勝利した日露戦争と、その後継者世代が行って、日本が敗北した日米戦争（第二次世界大戦）との間には、大きな違いがあった。

まず国民感情の面では、日露戦争が始まった時、戦場に向かう弟に対して、有名な女性歌人与謝野晶子が歌を贈った。「君死にたまふことなかれ」という悲痛な反戦歌を世に問うたのだ。このような反戦歌を発表しても、彼女は逮捕されることもなく、一流の歌人としての名声を維持した。

もし同じことを第二次世界大戦中に行ったら、彼女は即座に逮捕され、命さえ保証されなかったであろう。

発想の基本においても、日露戦争の時、日本の政府や軍部の上層部において、日本は神国であり、不敗である、というような実態のない妄想を抱くものは一人もいなかった。個々の戦闘はともかく、国家全体の戦術、戦略は現実的で慎重な合理主義、リアリズムに基づいている。

それに対して、日米戦争（第二次世界大戦）の時は、神国不敗の妄想を根底にもち、個々の戦闘が人的損害を大きくする精神主義に陥っているだけでなく、国家全体の戦術、戦略が、その場限りの無責任なことなかれ主義に陥っている。

例えば、日露両国の陸軍の主力が衝突した奉天大会戦に大勝した直後、作戦を実質的に指揮した参謀長の児玉源太郎は、東京に飛んで帰り、即時講和を訴えてまわった。その間、軍隊を奉天に留め、潰走《かいそう》するロシア軍を追撃して、大シベリアに侵入する愚を犯さなかったのである。

ハンティングほど面白いスポーツはないという。潰走する敵兵をハンティングすることは、戦場の指揮官にとって、この上なく愉快なことであろう。しかし日本の補給力つまり国力を考えたら、それは全く無謀であることを、児玉は洞察していた。それを行えば、日本は約一世紀前のナポレオン、約半世紀後のヒットラーと同じ破滅の運命をたどったであろう。

同じ状況を日米戦争（第二次世界大戦）で見るなら、日の没するところがないと言われた大英帝国のアジアの拠点、シンガポールを陥落させた直後、その指揮官山下奉《とも》文《ゆき》が東京に飛んで帰り、日本の国力の限界を考え、即時講和を訴えまわるようなものだ。

中国侵略と日米開戦は決して許されない最大の国家犯罪だった。しかし百歩譲って、当時の日本人と全く同じ帝国主義的価値観にのっとったとしても、大日本帝国のためには、日米戦争（第二次世界大戦）はシンガポール陥落までで停戦し、即時講和を求めるべきであった。どのような譲歩をしても。

少年兵として維新の建国戦争に参加した典型的な国家建設者の世代、冷徹な合理主義者、リアリストの児玉源太郎は、日本の国力の限界を考え、そういうことをしたのである。周囲の日本人もそれを支持した。

しかし後継者世代で神国不敗の迷信を根底にもつ山下奉文には、そうした行動は夢にも考えられないのだ。周囲の日本人もそういう意見は認めなかったであろう。彼らは国力の限界も考えず、戦争終結の方法も考えず、成行きに任せて、戦線を拡大していくばかりであった。無責任の極みだった。

明治の新政府に最後まで武力抵抗を続けた榎本武揚《たけあき》は、全権大使としてロシアに渡り、千島樺太交換条約締結に成功して帰国する時、ペテルブルグからウラジオストックまで徒歩と騎馬で横断した。そして大シベリアに関する調査、報告書を提出した。

それらも参考にしたであろう。日本政府は可能な限りロシアの内情を調べ、その弱点を突こうとした。もっぱらヨーロッパを足場に、ロシアの社会主義者、民族主義者その他の反ツァー主義者を支援し、内部攪乱に努めた。

彼らは前線だけでなく、背後でもロシアを内部攪乱し、崩壊させ、継戦できないように努めた。その成果は戦場の数個師団、あるいはそれ以上の働きに相当したと言われている。

ツァー支配下のロシアの人民は停戦後も内部攪乱を続け、一二年後のロシア革命で頂点に達する。ロシア革命の遠因の一つに日露戦争におけるツァーの敗北がある。

それに反して日米戦争（第二次世界大戦）において、日本は敵国アメリカの内部攪乱工作にほとんど何の成果も上げられなかった。

驚くべきことに、日本は敵を知るために必要な英語さえ、一般の人が学習し、使うことを禁じた。逆にアメリカでは、えりすぐった青年を集め、日本語の集中講義をしていた。

日露戦争のおり、日本の捕虜になったロシア軍兵士で、日本の待遇に不満をもって帰った兵士はいない。それに反して、日本の捕虜になった連合軍兵士で、日本の待遇に不満を持たずに帰った兵士は、一人もいなかったのである。

二つの戦争の間、わずか四〇年あまりの間に、神国日本は敗れるはずがない、という迷信が完全に根付いてしまっていた。それは同時に、同じ民族と思えないほどの精神の退廃、狭量化をもたらしていたのである。

さらに言えば、国家建設者の世代なら、そもそも日米開戦がありえたかどうかだ。日露開戦の一〇年前、日本は日清戦争に大勝した。その結果、日本は台湾、澎湖島《ほうことう》、および遼東半島を獲得した。それに対して、日本の大陸進出を恐れるドイツ、フランス、ロシアが日本に遼東半島の返還を要求した。いわゆる三国干渉だ。日本の為政者は彼我《ひが》の力関係を考え、涙を呑んで要求を受け入れ、遼東半島を清に返還した。

日米開戦前、アメリカは中国大陸から日本の撤退を要求した。日本国内でも社会主義者、共産主義者をはじめ、真の自由主義者たちは日本の拡張主義を批判していた。真の自由主義者石橋湛山《たんざん》は、早くも一九二一年、「大日本主義の幻想」その他の論文で、日本の拡張主義を批判した。

つまり日本人は日本列島にとどまり、通商国家として生きていくことが、日本の平和と発展につながり、国家の威信をも高める道であることを主張した。しかし、当時の為政者や軍部は、逆に満蒙は日本の生命線であると主張した。

そしてアメリカの要求に対して、国家建設者たちが三国干渉で取った態度とは逆に、侵略の拡大で答えた。その結果が、開戦そして当然の敗戦と、アメリカ軍による現在にいたる日本全土の軍事占領だった。

彼らは、彼我の力関係と開戦の結果を洞察する冷徹さ、リアリズムに欠けていたのだ。この点が、三国干渉に対する国家建設者たちの態度と違っていた。

これが、日本にとって明暗を分けた二つの世代の対外戦争の違いを生んだと言えよう。冷徹な合理主義者、リアリストと、残された台本を盲目的に演じた迷信の世代の違いだった。

天皇親政の始まり

一九世紀までは、ダーウィンの進化論そのままに、進んだ強い民族が遅れた弱い民族を支配することは自然であり、名誉だった。しかし、人類の意識は目覚ましい発展を遂げた。二〇世紀に入ると、支配と名誉は一致しなくなった。

一九一七年、第一次世界大戦中レーニンらはロシア諸民族の権利宣言の中で、民族間の問題を解決する普遍的原理として、「民族自決権」を明記した。さらに一九一八年、アメリカのウィルソン大統領は正しい国際秩序の在り方を述べた「一四か条の平和原則」の中で、「民族自決権」をうたい上げた。

これらの宣言は、個人間の原理であった自由、平等、博愛のフランス革命の精神が、約一三〇年を経過して、民族間の原理にまで広がったと言える。人類の民主主義の意識の目覚ましい発展だった。帝国主義の時代は終わったのだ。

この人類の精神史の発展に逆行して、日露戦争以来中国に駐在していた日本軍の現地部隊は、本国政府からの指令もなしに勝手に、一九三一年九月、中国侵略を開始した（柳条湖事件）。軍部のこの勝手な侵略に対しては、一般の世論も議会も、始めは批判的だった。政府も戦争の不拡大を決めた。しかし法体系上、軍の統帥権は政府でも議会でもなく、天皇にあった。

そして現地部隊による侵略の拡大は、国家全体を引きずり始めた。さらに侵略は日米関係をも悪化させ、一九四一年末の日米戦争（第二次世界大戦）へつながる。

天皇の勅語は、天皇が臣民に下す意思表示であり、法律と同じ重さがある。そして国務大臣の副署（承認）を必要としない。中国侵略から日米戦争に続く、いわゆる一五年戦争の間、天皇は多くの勅語、詔書を発表し、意思表示している。

その最も有名なものが「終戦の詔書」であり、最後が一九四六年一月一日の国運振興の詔書、いわゆる「人間宣言」だ。

この勅語で天皇は一九三二年（昭和七年）一月八日、前年の九月に中国侵略を開始した現地部隊に勅語を下している。いわゆる「関東軍将兵に賜りたる勅語」で、以下である。

先に満州において事変の勃発するや自衛の必要上関東軍の将兵は果断神速寡よく衆を制し、速やかにこれを芟討《さんとう》（かりたいらげる）せり、爾来、艱苦を凌ぎ祁寒《きかん》（酷寒）にたえ各地に蜂起する匪賊を掃討し、よく警備の任をまっとうし或いはノンコウチチハル地方に或いは遼西錦州地方に氷雪をつき勇戦力闘をもってその禍根をぬきて皇軍の威武を中外に宣揚せり、朕ふかくその忠烈を嘉す、汝将兵ますます堅忍自重をもって東洋平和の基礎を確立し、朕が信倚《しんい》（信頼）にこたえんことを期せよ。

このように軍部を称賛した。つまり即位式後三年目の三〇歳の天皇は、侵略開始を非難するどころか、逆に称賛した。

天皇の戦争責任を否定する人々は、二つの説に頼っている。一つは、天皇は立憲君主として実際の政治には関与できなかった。もう一つは、軍部との力関係において、政治に関与できなかった、というものだ。この力関係説に従うと、中国侵略に対する天皇の称賛は、軍部の強制だったことになる。

一九三六年二月二六日、青年将校が政府高官を殺害し、クーデターで新政府を作るうとした。いわゆる二・二六事件だ。このクーデター部隊に対して、天皇は激怒し、もし軍がしないなら、自らが近衛師団を率いてクーデター部隊を鎮圧する、と言ったという。天皇の意思が明らかなため、クーデターは失敗し、首謀者とみなされた一七名は全員処刑された。

これは天皇は平和主義者だった、と言っている人々も強調している事実だ。この二つの事実、一九三二年の侵略開始を称賛する勅語と、一九三六年のクーデター事件の四年間の間に、天皇の実権は天地に上下したのであろうか?

真珠湾攻撃の寸前まで、日米交渉は続けられていた。アメリカの最後の要求は、中国大陸から日本の撤退だった。

一九四一年一〇月、重臣会議は熱烈な天皇崇拝者で好戦派として知られていた陸軍大臣東条英機を首相に推挙し、天皇は東条を首相に任命した。翌一一月の御前会議で、東条首相は継続中の日米交渉において、アメリカが譲歩しない限り、日米開戦に踏み切ることを提案し、天皇は黙認した。翌一二月八日の真珠湾攻撃が密《ひそ》かにスタートした。

天皇は平和主義者だったと主張している人々は、この時、天皇は軍部の虜《とりこ》になり、日米開戦に反対できなかった、と言っている。

この論理に従えば、一九三六年のクーデター事件から一九四一年の開戦の五年間に天皇の実権は地に落ちたことになる。

一九四五年八月、天皇は軍部の反対を抑え、終戦の詔勅を発表し、戦争は終わった。天皇は平和主義者だったと主張している人々の論理では、一九四一年の開戦から一九四五年の終戦までの四年間に、軍部との力関係において、天皇の実権が奇跡的に復活したことになる。

しかし、軍部と平和主義者天皇との力関係が、数年ごとに、宮廷内の権力闘争でゼロからオールマイティに上下した、という記録はどこにもない。そのような記録の片鱗もない。

もう一つの説、天皇は立憲君主として政府や軍部の決定に反対できない、という説は、一九三六年のクーデター事件に対する天皇の介入によって否定される。そもそも明治憲法では、天皇には、天皇親政ともいうべき大権が与えられている。

一九九〇年一二月号の文芸春秋で「昭和天皇独白録」が公開された。この独白録は敗戦から七か月後、東京裁判（正式名は極東国際軍事法廷）の始まる直前の一九四六年三月から四月にかけて、収録されたという。この独白録を読めば、昭和天皇ヒロヒトが実際の政治に関与できない無力なロボットではなかったことが分かる。

例えば一九二九年、天皇は時の田中義一首相に対して、「辞表をだしてはどうかと強い語調でいった。……それで田中は辞表を提出し」（一〇一頁）、内閣は倒壊した。二七歳の天皇の一言が六六歳の首相を辞職させたことになる。

この事件の後天皇は、「内閣の上奏する所のものは仮令《たとい》自分が反対の意見を持っていても裁可を与えることに決心した」と言っている。つまり、この事件の後はめくら判を押した、と言っているのに変わりない。

その二ページ後には一九三二年一月の第一次上海事件の収束に対して、「事件の拡大を防いだのは、……奉勅命令に依ったからではなく、私が特に白川（筆者注：陸軍大将白川義則上海派遣軍司令官）に事件の不拡大を命じて置いたからである」と言っている。つまり政府ではなく、天皇が直接軍を指揮し、戦争の拡大を防いだというのだ。その他の人事に関しても一九三九年（昭和一四年）の阿部信行内閣の発足にあたり、「畑（筆者注：畑俊六陸軍大将）を陸軍に据えることを阿部に命じた。……阿部は畑を（陸軍）大臣に据えることになった」（一〇九頁）。

前述の二・二六事件に関しては、こう書いてある。

「陸軍省の態度が手緩かったので、私から厳命を下したわけである」

「昭和天皇独白録」は、「良いことは自分がやり、悪いことは部下がやった。あるいはやむを得なかった」という論理に貫かれている。そして絶大な実権を振るっていたことを自白している。翌五月に始まる東京裁判に出廷させられた時の自己保身の弁論の予習をしていたのかもしれない。

明治憲法では、天皇には、天皇親政ともいうべき大権が与えられていた。このような憲法をつくりながら、国家建設者たちは慣習既得権に従って、自らが政治的実権を振るった。彼らは錯覚劇に臣下の役割で出演しながら、実際においては演出家であり、舞台監督であり、脚本家であった。京都から東京につれてきた少年を自らが作り上げた宮廷の官僚組織にはめ込み、神聖な天皇に仕立て上げたために、天皇に対して心理的なコンプレックスもなかった。

しかし、錯覚劇の中で生まれ育ち、劇と現実の区別のつかなくなった後継者世代は、錯覚劇に臣下の役で出演し、心理的にも実際にも臣下そのものになったのだ。後継者世代は一〇〇パーセント近く普及した学校教育や、軍人教育の中で、徹底的に教えられた教育勅語、軍人勅諭、そして明治憲法の教えを忠実に、そして正確に演じた。

東京裁判の二日目、ローガン弁護士の質問に対して、東条は思わず証言した。

「日本の臣民が天皇陛下のご意思に反してあれこれすることはありえない」

士官学校を優等で卒業した東条は、錯覚劇の台本どおり、忠誠な臣下そのものに育てられた軍人だった。

広大なアジア全域に配置され、捕虜になることを許されず、死ぬまで戦うことを教育された数百万の戦闘中の兵士を、一九四五年八月一五日、一日で停戦させるほど絶大な威信を持った男、現人神と称された男が、四年前、開戦の時には軍部の虜になり、平和主義者として開戦には反対だったけれど、反対できなかった、などと言われて、どうして信じることができよう。

そんなことはありえなかった。人々の気質、その他のさまざまな状況証拠を積み重ねると、当時の日本では、責任を持って国政を決定できる者は、天皇以外に一人もいなかった、と断定できる。

昭和時代の初期から昭和二十年（一九四五年）八月までは、日本は台本どおり、天皇親政の時代だった。明治維新の王政復古の大号令が、二〇世紀に不気味な姿で完全に実現していたということができる。

天皇が自ら実権を振るったこの時代は、古代を除き、常に実権者の保証者であった天皇の歴史からみると、極めて異例の時代だったと言える。このことは事実をありのまま見ようとするリアリストにとっては、ほとんど常識にさえなっている。

しかし、いかなる理由があろうとも天皇を守りたい、という思惑《おもわく》からか、あるいは他の思惑からか、日本の政府も経済界もマスコミも、決してこのことを口にしない。

日米開戦前、昭和天皇は明治天皇が作った平和を望む一首の和歌（よもの海みなはらからと思ふ世に　など波風のたちさわぐらむ）を詠み上げたという。しかし、戦争の前に平和を口にしたからと言って平和主義者になるなら、ヒットラーもムッソリーニも、近代の戦争屋は、ほとんどが平和主義者になってしまう。何を言ったかではなく、何をしたかが基準である。

もし昭和天皇ヒロヒトに同情の余地があるとするなら、自分の意思で天皇になったのではないこと、愚かな臣下にかつがれて、気がついてみると、愚かな実権を振るっていたことにある。

しかし、その結果は重大すぎる。

日本人約三〇〇万人、アジア人推定二〇〇〇万人という桁違いの人々が殺された。東アジア、東南アジアの大半を戦乱で破壊した。日本は国富の約三分の一を失った。明治維新以降、帝国主義的に獲得した海外領土の全てを失った。

それだけでなく、千島樺太交換条約で平和的、合法的に獲得した千島列島は、スターリンが占領し、そのまま自国領にした。南方の沖縄はアメリカ軍が占領し、長期にわたって軍政下においた。日本列島全体が異民族の軍隊で占領された。

この途方もない前代未聞の犠牲によって日本人が得たものは、国土の荒廃と不名誉な評価だけであった。全体主義の野蛮な侵略国家として、世界史における日本国の名誉は、永久に取り返しがつかないほど傷つけられた。

実際の政治に天皇は関与できなかった。しかし国民を救うために、最初にして最後の大権を行使した、という説は、天皇の戦争責任を免罪するため、第二次世界大戦後、初めて唱えられた。事実は天皇は一貫して君臨し、かつ極めて日本的方法で日本を統治していた。

例えばドイツ人はヒットラーの絶叫をいやになるほど聞かされたであろう。しかし日本人は天皇の肉声を聞いたことがなかった。天皇の政治は現人神としての神々しさを損なわないよう、人民のはるか頭上、雲の中で秘めやかに行われた。人民から隔絶された宮中奥深くで、絶対忠誠を誓う臣下にかしずかれて、従来の官僚制度、軍組織をそのまま使い、ヒットラーも顔負けするような専制権力を、台本に従って、静かに行使していたのである。

しかし日本の組織運営法、意思決定過程の分かりにくさと臣下の無私の協力、滅私奉公によって敗戦後、天皇の戦争指導の実態はヴェールの奥に隠された。

なお天皇の戦争指導については、田中伸尚の『ドキュメント　昭和天皇』、山田朗の『大元帥　昭和天皇』その他がある。

第四章　錯覚の帝国の崩壊と再生

一　敗戦処理と天皇制

連合国諸国民の憎悪の的、三大極悪人枢軸国側のムッソリーニはパルチザンに処刑され、ヒットラーは地下壕で自殺した。残りの一人ヒロヒトが敗戦後、処刑されるどころか退位もせず、日本のボスとして君臨しつづけることなど、当時、世界中の誰も予想しなかったであろう。

近代日本は、世界中の誰も予想していなかった「奇跡」と目されることを、いくつかした。その一つは、一九世紀後半、アジア・アフリカ諸民族の中で唯一近代国家を建設し、大ロシアを打ち破り、欧米列強に対抗できる大国に台頭したことだった。二つは、敗戦の廃墟の平原の中から経済発展をつづけ、世界で最も豊かな国の一つになったことだ。

天皇が戦争責任を問われることもなく、元の地位にいつづける、などということも、当時の国際世論からみれば、「奇跡」に属するであろう。

このようなことが何故可能だったのか？

日本人は戦争勝利のため、できることは全てした。カミカゼ攻撃のような自殺攻撃もいとわなかった。死は鴻毛より軽かった（軍人勅諭）。もしそれに効果があるなら、降伏せずにさらに続行したであろう。

しかし、一切の努力が犠牲を増やすだけで、勝利には何の効果もないことが、明らかになった。そのため天皇は降伏を決めたということだろう。

占領軍を迎えるにあたって、指導的立場にいた日本人は、前日までの戦争遂行に代わる新しい目標を考えた。彼らは錯覚劇の中で生まれ育って、天皇崇拝を骨の髄まで叩き込まれ、天皇のいない日本は考えられない錯覚の世代だった。

目標は天皇個人と天皇制を守ることに絞られた。国家目標が戦争遂行から天皇個人と天皇制を守ることだけに、一夜にして一斉に切り替えられた。この国家目標の変更は、戦争に失敗した天皇にとっても最善だった。

そして政治的実権は天皇から臣下の手に移行された。この移行は抵抗なく、自然に行われた。なぜなら、それはほんの二〇年前、大正時代まで行われていた伝統的政治手法への復帰にすぎなかったからだ。

天皇にとっても、すぐ始まるであろう戦争責任の追及から少しでも逃れるためにも、実権を放棄し、忠誠な臣下の背後に隠れるのが良い。忠誠な臣下は天皇の期待に応えるために、最善を尽くすであろう。

その方法は、大きく分けて二つあった。

一つは天皇を現人神の戦争指導者から、めくら判を押した無力なロボットの平和主義者に衣替《ころもが》えをすることだった。そして戦争責任の追及から逃れさせることだった。もう一つは、日本人の天皇崇拝を背景に、天皇の政治的利用価値を占領軍に売り込むことだった。

第一の衣替えには、成功の条件があった。ヒットラーやムッソリーニは無名の市民から、自らの意思で最高権力者に成り上がった。その責任はごまかしようがない。

しかしヒロヒトは自分の意思で天皇になったのではない。ヒットラーやムッソリーニは粗野な言葉で直截に命令した。しかし天皇の言葉は、人民のうかがいしれない宮中奥深くで発せられ、絶対忠誠を誓う臣下の高官の手を経て古典的な文字で発表された。前述の「関東軍将兵に賜りたる勅語」のとおりだ。

そのため、天皇の肉声を聞く立場にあった全ての高官が例外なく衣替えに協力すれば、天皇の戦争関与を隠蔽《いんぺい》できる可能性があった。そして全ての高官は例外なく協力した。高官たちは、天皇個人と天皇制を守ることが、即、国家社会を守ることだと、固く信じていた。彼らなりの愛国心だ。

戦争中、軍部は大本営発表において「勝った、勝った」の嘘をつき続け、国民を騙してきた。彼らにとっては、国民に無責任な嘘をつくことは、良心に痛痒《つうよう》を感じることではなかった。天皇と天皇制を脅かされることが、彼らにとって、最大の痛痒だった。

彼らの生きていく原理は、自分の内にある普遍的真理、論理や良心に従うことではなく、自分の外の天皇に従うことだった。

東京裁判の被告の証言を読んでみると、人間の興す戦争が台風のような自然現象のように聞こえてくる。

丸山眞男が「超国家主義者の論理と真理」「軍国主義者の精神形態」などで痛烈に批判したように、彼らには、近代の自立した市民が持つような自分の行為に対する責任感がない。しかしひとたび、ことが天皇の戦争責任に及びそうな時には、喜んでその身代わりになることを選んだ。

東条は東京裁判二日目に、「天皇の意思に反して行ったことはない」と思わず証言しながら、その後、その証言を事実上撤回した。そして、「戦争の全責任は天皇ではなく、自分にある」と言い続けて、処刑台に消えた。東条は敗戦後も天皇崇拝に殉じ、文字どおり滅私奉公した。

東条はヒットラーのような嘘つきではなく、ある意味で正直な人間だった。士官学校の秀才らしく、教えられた錯覚劇の台本を忠実、正直に守ったからだ。これは同時に、当時の正直な日本人の一つの典型的姿だった。

こうして天皇は戦争責任を部下に転嫁《てんか》して、平和主義者に衣替えされた。ヒロヒトはヒットラーやムッソリーニとは同列ではない、という論理を展開していく条件は、一〇〇パーセント生かされたのだ。

この嘘に対して、敗戦後の日本を指導した文官たちも、軍人同様に惜しみなく協力した。彼らも錯覚劇の中で生まれ育った錯覚の世代だったからだ。戦後日本の方向を決めた首相、吉田茂は、自分のことを「臣、茂」と称してはばからなかった。日本は敗戦後も近代的な市民意識は育たず、明治以降に作られた臣民（臣下）意識が支配的だったのである。

もう一つの方法、天皇の政治的利用価値を占領軍に売り込むことにも成功した。敗戦翌日の八月一六日、天皇は皇族の東久邇宮《ひがしくにのみや》に、初めて皇族の内閣を作らせた。皇族の内閣でなければ、軍部の不満を抑え、海外の軍隊や民間人の引き上げ業務、ポツダム宣言の履行《りこう》、その他の敗戦処理ができないことを占領軍に見せるためであった。その後も可能な限りの方法で、日本の統治には天皇の権威を利用することが効果的である、ということを占領軍に訴えた。

一九四五年九月、天皇とマッカーサーの最初の会見に続く一連の会見で、必ずしも正確ではなく、政治的に脚色した疑いがもたれているが、マッカーサーの手記によれば、「天皇が命乞いにくる」と思っていたら、「凡《すべ》ての戦争責任は自分にある」と言ったという。そして「自分はどうなっても良いから、国民を助けて欲しい」と言ったという。

その真摯な態度に連合軍総司令官は感銘を受け、そして占領軍に恭順し、占領政策に協力する天皇を助けることを決意した。……このように伝えられている。

その結果、占領軍の代表マッカーサーは、「もし天皇制を廃止すれば百万の軍隊を日本に常駐させなければならないだろう」という言葉で、天皇と天皇制を承認した。東京裁判においては、最大の疑惑の主＝天皇は、被告どころか一証人としてさえも、出廷させられなかった。マッカーサーの指令によって。

天皇は予行演習していた裁判出廷という最悪の事態は避けられた。広島市民、長崎市民の根絶《ねだ》やしをためらわない核攻撃、つまり明らかな戦争犯罪は、東京裁判では、審議されるどころか、記録に載せることさえ拒否された。人類史上最も残虐な戦争犯罪は、戦争犯罪を裁く法廷の記録からは、永久に存在しないことになったように、東京裁判は二〇世紀までの国際政治における正義がどの程度のものであるかを、後世に教えている。

結局、天皇は徳川将軍に対処するのと同じ方法でマッカーサー将軍に対処した。台本に従って自分に滅私奉公した東条以下の軍人を見捨て、過去の歴代の天皇がしたように、新しい実力者に乗り換えた。もっともマッカーサーは将軍の称号を天皇からではなく、ワシントンの政府から貰ったのであるが。

将軍の息子に生まれて将軍になったマッカーサーは、アメリカでは軍人の名門になるであろう。しかし、世界の中の名門中の名門、一〇〇〇年前の出来事も昨年の出来事のように記憶にとどめる天皇家の人々にとっては、経験の乏しい成り上がり者にすぎなかったようだ。籠絡《ろうらく》は容易にできた。一連の動きは、そういうことを示している。

天皇の軍隊の侵攻した地域では、推定二〇〇〇万人の死者を出したと言われている。日本人自身も約三〇〇万人が死亡した。大半が無残な最期を遂げたこの死人の大海を泳ぎ終わったばかりの人民にとって、その原因を作った張本人かもしれない男が、人道的方法（絞首刑あるいは銃殺による即死）を恐れるあまり、命乞いをした、などということが伝えられたら、人民の怒りの嵐を巻き起こしたであろう。天皇ヒロヒトの命は即座に絶たれたかもしれない。

このことは、わずかばかりの洞察力があれば、容易に分かることだ。ヒロヒト自身も分かっていたであろう。

そして、それから三〇年後の一九七五年、外国人記者団との生涯で最初の会見で、「戦争責任をどう思うか」という質問について、天皇は「そういう言葉のアヤについては、わたしはそういう文学方面はあまり研究していないので、よく判りませんから、そういう問題についてはお答えできかねます」と答えた。

俗にいえば「そんなこと俺の知ったことか」といったのだ。ただし極めて上品な言葉遣いで。この時には完全に立場を回復し、人道的方法で死人の仲間入りを強制される可能性がなくなっていた。


こうして天皇と天皇制は存続した。その背景にはアメリカの占領政策の転換があげられる。アメリカは日本を弱体化、民主化することから、戦後の反共主義戦略の中で、その防壁にするように変わった。共産主義のアジアへの波及を食い止める防壁とし日本を利用するために、その他の問題には目をつむった。当時、アメリカは反共のためには何でも利用しようとした。

国家建設の時代、明治天皇は日本全国をデモンストレーションして歩いた。そして、神格化した天皇のイメージをつくりあげることに成功した。

一九四五年以降、国家再建の時代、昭和天皇は軍服を背広に衣替えして、同じように日本全国をデモンストレーションして歩いた。そして平和主義者の天皇という新しいイメージをつくりあげ、引き続いて日本のボスとして君臨することに成功した。

そこには、占領軍の庇護《ひご》と支援、そして日本のマスコミの協力があったことは、いうまでもない。

社会が自由で民主的であるためには、マスコミは権力と距離を置き、権力の不正や嘘を暴き、批判する姿勢が必要だ。しかし日本のマスコミは、敗戦後軍部の検閲から解放されていたにもかかわらず、天皇の衣替えの嘘や政治的利用の欺瞞《ぎまん》性に協力したことは、事実の示すところだ。

生涯で最初の外国人記者団との会見で外国人記者が行ったような直截な質問を、日本人記者はしたことがなかった。

彼ら自身、天皇にならって、戦争中の聖戦の鼓吹《こすい》から、戦後は平和と民主主義の鼓吹へ、一斉に衣替えした。同じ名前の新聞が同じ人間、あるいは同じ系統に属する人間によって、戦後も継続して発行された。これはナチス崩壊後のドイツ、ファッシズム崩壊後のイタリアでは見られない現象だった。

敗戦後、天皇の戦争責任を調査さえせず免罪したことは、日本人の戦争犯罪に対する反省が極めて弱いことにつながった。現在の保守政権の主流を構成する人々は、日本の戦争が全体的にみて侵略戦争であることを認めることを拒み続けている。

その結果、同じ侵略国家ドイツと日本の間に、第二次世界大戦後、近隣諸国に対する信頼度において、際立った違いが残されている。日本人は歴史認識において、近隣諸国と共通の認識が持てないのだ。

一九四六年十一月、日本とアジアの人民に恐るべき災厄《さいやく》をもたらした明治憲法に代わる、新しい憲法が発布された。新憲法は再建日本の国家運営の指針になるべきものだった。

それは前文で「主権が国民に存することを宣言し」、また平和主義、国際主義、戦争放棄が明記された。他方、錯覚は解明されず、したがって天皇崇拝も消滅せず、それは新憲法においても、「天皇は、日本国の象徴であり……この地位は、主権の存する日本国民の総意に基く」（第一条）として肯定された。平和主義者に衣替えした天皇は、新憲法の象徴天皇の趣旨に合っていた。

新憲法は民主主義の理念を徹底的に追求したものではなく、それに反する天皇制の存続を認めていた。それは高邁な理想主義と、現実の政治的要求の間の妥協の産物であった。そのため、錯覚の帝国は、その生命力の源を、種火のように燃やし続けられたのである。

なお、戦前の新聞など印刷物では、現人神の代わりに、もっと尊崇の気持ちを表現する現御神《あきつみかみ》と書くことも多かった。

二　国家再建者世代の登場

民族的国家的独善への気づき

敗戦に対して一般の人民は、天皇個人と天皇制擁護に奔走《ほんそう》した指導的立場の日本人とは、違った受け止め方をした。

天皇の命令一下、降伏を決めた後、人民は前日まで容赦ない殺戮を繰り返してきた鬼畜米英（と当時の新聞は言っていた）の軍隊の進駐を固唾《かたず》をのんで見ていた。後から思うと信じられないような思い違いであるが、人民は「男は全員奴隷労働させられ、女は全員暴行される」などということを、真剣に心配していた。そのように政府と軍は人民に吹き込んでいた。

島国の日本は有史以来、異民族の侵略を受けたことがなかった。同民族内での戦争では、その被害は高《たか》がしれている。関ヶ原の封建領主たちの戦いを、近隣の農民たちは弁当をもって見物にでかけた、という記録があるくらいだ。

しかし、異民族の侵略は違う。一三世紀末、一度その危機があった。世界征服を目指したフビライの大蒙古が襲来した。しかしカミカゼ（台風）のおかげにより、また鎌倉武士団の善戦もあり、水際《みずぎわ》で撃退した。

日本列島を震撼させた異民族との皆殺し戦争の史実の恐怖を、敗戦直後の日本人は思い出したかもしれない。あるいは十五年戦争中、数百万の日本人兵士が中国や東南アジア一帯で略奪、暴行をほしいままにしていた。それをマスコミは決して報道しなかったけれど、国内に密かに口伝えられていただろう。占領地における自分たちの姿を、逆に日本に移しかえて、人民は死ぬような恐怖、緊張の中で、「鬼畜」の占領軍を迎えたのである。

近代戦争の戦力の基盤である工業力において、戦前の日米間には十倍以上の差があった。ハイテク時代以前の工業力のバロメーターともいえる鉄鋼生産力において、一九四一年開戦時、日本六八四万トン、アメリカ七五一四万トンだった。人口は約二倍違い、ＧＮＰは約十二倍差、国土は約二十五倍差、資源の豊かさを加えると、総合戦力の差はもっと開くであろう。

いかに経済的に圧迫されていたとは言え、あるいはカリフォルニアにおける日本人移民に対する人種差別的侮辱がくりかえされたとは言え、文字通り桁違いの国力を持つアメリカに対して開戦した理由はなぜか？

それは外敵に一致団結してあたる日本人に比べると、さまざまな移民からなる民主主義国のアメリカでは人民間の意見がバラバラなため、いかに国力が大きくても、それを外敵に向けて糾合《きゅうごう》できない、と考えた。あるいは忍耐強い日本人に比べると、アメリカ人は遊び好きで、おまけに平和志向の強い女性の発言権が強いため、長期の不快な戦争には耐えられない、とも考えた。

そのため、緒戦で優位を続ければ、有利な条件で妥協を引き出すことができる、と考えた。つまり日本人の精神力はアメリカ人の物質に勝る、と考えたのだ。当時の日本の軍部には、この程度の認識しかなかった。

彼らは、真珠湾攻撃のようなことをすれば、カリフォルニアに上陸して、大西部を東進し、ワシントンを占領するまで、あるいは逆に東京が占領されるまで、戦争は終わらないかもしれない、という発想がまるでなかった。なによりもアメリカ人を見くびっていた。

しかし当時のアメリカ人も違った意味で日本人を見くびっていた。小さな黄色い猿まね民族がアメリカを脅《おびや》かすことなど、ありえない、と。そのためアメリカの対日外交では、戦争を避けるために、日本の利益や日本人のプライドを傷つけることは避ける、という配慮は全くされなかった。

多くの戦争同様、第二次世界大戦も相手に対する無知と誤解があった。人間の認識能力の欠落は、恐るべき破壊と殺戮《さつりく》で人類に報復した。

敗戦の前日まで、一般の人民は部分的、一時的に負けることはあっても、全面的、最終的に負けることなど、ありえないと信じていた。なぜなら日本は不敗の神国だから。彼らは愚かな迷信の世代だったのだ。

しかし日米の国力の違いと現実の戦局の推移を考えれば、日本の敗北は容易に予測できる。それを予測した日本人（リアリスト）がいたとしても、決して口に出すことはできなかった。もし口にだせば、精神力の欠けた〝非国民〟とされ、逮捕と拷問でその罪をあがなわされていたであろう。

当時、ことあるごとに使われた〝非国民〟という言葉が、もし機械的に外国語に翻訳されても、外国人にはその意味は伝わらないであろう。この言葉は、同じ人間の仲間ではなく、どのように扱われても火あぶりにされてもやむをえない、中世ヨーロッパにおける邪教徒に対するような、差別感がある。

こうして天皇崇拝で凝《こ》り固まったこの時期の日本には、理性的な判断が認められる余地が全くなかったのだ。

敗戦後の日本の庶民は、アメリカ占領軍に一触した途端、青天の霹靂《へきれき》のように現実を知らされた。ありえないことがありえた。そして自分たちがひどい民族的国家的独善の世界に住んでいたことを初めて知った。

日本は不敗の神国ではなかったのだ。

意見がバラバラな民主主義は弱みになるどころか、逆に強大な力を糾合していた。また日本が戦争の大義名分としていた八紘一宇《はっこういちう》やアジア解放、大東亜共栄圏などのスローガンは、日本軍の数々の蛮行によって、空々しい虚構であることが暴露された。日本軍は解放したはずの当のアジア人から、石もて追われていたのだ。

それに反して連合軍が大義名分とした自由や民主主義は、八紘一宇やアジア解放、大東亜共栄圏よりはるかに普遍性があり、しかも実際に接したアメリカ占領軍は、日本軍ほど堕落していなかった。

日本の男は奴隷労働させられなかったし、女は暴行されなかった。暴行があったとしても、個人的なものであり、組織的なものではなかった。いずれにしても、日本軍の占領地における蛮行と比べると、その品性には天地雲泥の差があった。

上からの指示がなければ動けない日本人と違い、アメリカ兵は、最下級の兵士でもその態度は自然で、人間として堂々としていた。そしてポケットのドルの威光。つまり現在とは比べられないほどのドルの威光と相まって、その姿は光り輝いていた。

彼らを送り出したアメリカの市民生活は、破壊され、飢えにあえいでいた当時の日本人には、目も眩《くら》むばかりの豊かさに輝いていた。日米の違いはほとんど地獄と天国の違いだった。

敗戦前、天皇をいただく日本は世界一優れた一等国のはずだった。ところが敗戦後、日本は世界一憎まれた劣等国、当時の言葉では等外の四等国であることを知った。世界中を見渡しても、野蛮な侵略国の日本に好意を持つ国や地域のないことに気づいた。大本営発表は嘘ばかりで、自分たちは愚かにも国に騙されていたのである。こう悟った一般の人民は第二次世界大戦において、軍事的のみならず、精神的にも敗北した。自らの独善がもたらしたみじめな現実を悟った日本人は、敗北以降、真実を求めて猛然と学び、また民族として生き残るために外国、特にアメリカに学ぼうとした。謙虚な国家再建者の世代の登場である。

一個人が様々な性格を内包するように、一つの世代はもっと様々な性格を内包する。しかし、時代時代の違いによる一般的傾向もある。そして第二次世界大戦後の日本人の最も一般的傾向、つまり他の世代との際立った違いは、その謙虚さにあると思う。元駐日大使、日本学者のライシャワーは『太平洋の彼岸』の中で述べている。

戦前多くの日本人は、おそらく少し自信があり過ぎ、確かにうぬぼれが強かったが、今や悲しいことに、彼らは進んで自分自身が一番悪いのだと信じ、他のものが常に正しいと考えるようになった。彼らはしばしばこの態度をこっけいなほど極端に通し、事情に通ぜぬアメリカ人の言葉を聖人の話のように受入れ、アメリカの声明が余りにも不正確なり不合理になった時には、彼らの方が正しく理解できなかった、という振りさえしたのである。

このような日本人はそれ以前のどの時代にもいなかったし、今後においても発生しないであろう。

明治維新において、世襲の身分制は廃止された。その後で生まれた社会は、社会階層の上下移動の可能性があったとはいえ、近代的民主主義社会とはほど遠かった。「教育勅語」や「国体の本義」で教えられているように、忠君愛国主義に基づく半封建社会であった。また戦前の日本の子供たちにとって国定教科書は、キリスト教徒における聖書のような重みがあった。この国定教科書＝聖書によっても徹底的な忠君愛国主義が教え込まれた。

しかし敗戦後、それらはすべて間違っていたことになり、聖書のように大切に保持していた国定教科書の多くのページを、占領軍の指令によって、墨で塗り潰した。新しい教科書をつくる時間も余裕もなかった。また全ての小・中学にあった天皇の写真をかざる小さな神殿（奉安殿）は取り壊された。

代わって民主主義が教えられた。不敬罪も廃された。タブーは死んだ。否《いな》死んだように見えた。そのため一部の人々にとって、天皇は「天皇陛下」から「天ちゃん」に代わった。この呼称には親しみの表現というより、悔悟と侮辱のニュアンスが込められている。

敗戦間近、宗教的熱狂ともいうべき天皇崇拝を主軸にして、国家全体が戦争マシンになり、人民はマシンの消耗《しょうもう》部品として絶えざる緊張の中で、消耗（死）を強制された。カミカゼ攻撃はその極みだった。そこには個人の尊厳、あるいは人権という近代的人間観は微塵《みじん》も認められなかった。

しかし敗戦後、人民は死に至る緊張から突如として解放された。それ以前の平和時の生活を律した半封建的道徳律も否定され、アメリカの唱える民主主義に変わった。そのため、敗戦の一時のショックと虚脱のあと、人民はかつてない解放感を味わった。前日までの従うべき威圧的な権威は、頭上からなくなった。

そのためシラミのわいた服を着、胃は空っぽでも、心は解放感と希望で満たされた。この世代は敗戦後大流行した「リンゴの唄」とともに、当時の解放感を、現在でも幸せな気持ちで思い出している。この解放軍がアメリカ軍だった。アメリカ軍は一種の解放軍のように見えていた。

しかしアメリカ軍は人民の中から生まれ、人民に奉仕する真の人民解放軍ではなく、異民族の征服者であり、その解放は、絶対権力をもつ、啓蒙専制君主による征服だったのだ。

占領軍を解放軍だと思う錯覚は、民族の新しい錯覚として、現在まで色濃く残されている。アメリカ軍は一九四五年以来現在まで、日本の税関を通らず、日本国境を自由に出入りしている。この状態は独立国として最も大切な主権を日本が一九四五年以来、失っていることを意味している。

第二次世界大戦で日本は軍事的のみならず、精神的にも敗北した。そして軍事的のみならず、精神的にも占領された。その結果、敗戦後の日本人の多くがストックホルム症候群の精神病患者の状態になった。彼らは常にアメリカに同調することが、日本のためになる、と信じている。もちろん、ストックホルム症候群の精神病にならなかった日本人も少数派としては、存続している。

一九四六年一月、マッカーサーに指示されて、天皇は「人間宣言」を行った。この「人間宣言」にショックを受けた人民もいたし、変化の一環として、抵抗なく受け入れた人もいた。いずれにしても、あまりにも当然な宣言だった。

しかし神としての天皇と人間としての天皇の乖離を、論理的に解明した人はいなかった。「人間宣言」の時が、一つの大きなチャンスだったのに、天皇や天皇制に批判的な人々は、天皇を口汚くののしるか、天皇や天皇制の差別性、そして社会的、政治的役割を分析するのみだった。彼らは天皇崇拝の究極の給源になる宗教性をもった天皇の観念を無視した。あるいは気づかなかった。

一八六八年の明治維新の開国から、一九四五年の敗戦の日まで、おそらく一〇〇万人を超す日本人が西洋の宗教や哲学の高等教育、あるいは準高等教育をうけていながら、誰一人として、それを生きた現実に創造的に適用する個性の力を持たなかった。

インテリたちは西洋の学説の暗記、文献の解釈、つまり観念のお遊戯をしていた。創造的に適用することから逃げていた、と言ってよい。

なぜなら、創造的に適用することは、西洋における一六世紀初めのルターの宗教改革、一八世紀末のカントの人間の認識能力に関するコペルニクス的転回「主観は客観に依存するのではなく、客観が主観に依存する」に類似する作業を、日本で行うことになりかねないからだった。

天皇や天皇制を擁護する多数派の日本人は、「人間宣言」をただ礼賛するのみだった。そのため、人民の脳髄に刷り込まれた天皇崇拝の観念は消滅せず、多くの宗教的観念がそうであるように、時代の変化を吸収して変化しながら、不死鳥のように再生した。軍服を背広に衣替えして全国をデモンストレーションした昭和天皇に対して、圧倒的多数の人民は、歓迎の意思を示した。

天皇は軍部に利用された無力な平和主義者だった、という新しい嘘とセットになって、錯覚の体制は存続したのである。

もし現人神の記憶が鮮明に残り、騙された人民が真実を求めて猛然と学ぼうとしていたこの時期に、民族全体の錯覚が解明・暴露されていたなら、それ以降の日本は現状とは違った姿になっていたと思う。

一九〇九年生まれの父は、昭和の初めに高等教育を受け、大正デモクラシーの残照を浴び、一定程度は進歩的な技術者だった。実態のない精神主義を嫌い、幼児（私）の単純で本質的（?）な質問に対して、常に論理的、科学的に答えてくれた。早熟な私が四歳前のころ（だったと思う）、天皇とマッカーサーの並んでいる写真を見て、父に質問したことがある。

「天皇陛下とマッカーサーはどちらが偉いの?」と。

その時の笑いながらも困惑した父の表情を思い出す。いつものように答えてくれない父にいらだった私のしつこい、繰り返しの質問にもかかわらず、結局、困惑した表情のまま答えてくれなかった。

この困惑は、当時の日本人全体のものであったであろう。日本人はこのとき二人の主人を持ったのだ。天皇とマッカーサー。

しかし民主主義の本質をより深く考えた日本人は、社会に主人を持つことと、民主主義が本質的に相いれないことに気づき、二人の主人の存在に批判的になっていった。「アメリカ独立宣言」に見られるアメリカ建国の精神の忠実な信奉者ほど、皮肉なことに反米的になり、同時に反天皇的になった。

この傾向は今日においても見られる。ただしこの反米は、アメリカの文化や伝統、アメリカ全体に反対するものではなく、アメリカ建国の精神に反したアメリカ政府の、ある種の政策に反対するものであることは言うまでもない。

戦後の改革と経済発展

敗戦後、日本は啓蒙専制君主（占領軍）の強権の下で、劇的な改革が行われた。改革の多くは、戦前から見識ある日本人によって必要が叫ばれていたものだった。しかし人民の意識は低く、逆に現人神の統治権力は強かった。

そのため、自力改革のための社会の内発的な力は未熟で、改革に踏み切らせたのは、占領軍の強権だった。その強権で〝民主化〟と総称される改革は一気に行われることになる。

国家運営の指針だった主権在君の明治憲法は、主権在民の新憲法に代わった。諸法律も民主的に改廃され、日本のファッショ化を先導した天皇直属の軍隊は解散させられた。もっとも軍隊は一九五〇年の朝鮮戦争の勃発とともに再建される。ただし軍隊ではなく、自衛隊と呼ばれた。この自衛隊は議会で選ばれた政府の指揮下に置かれている。

しかし文民支配が定着しているかどうか分からない。なぜなら新軍（自衛隊）においても天皇崇拝と反共教育が行われ、民主主義教育が行われていないからだ。

一九六二年、防衛庁（当時）教官伊藤皓文が「選挙を通して合法的に生まれた政権なら、たとえ共産政権であっても、その支配に服すべきだ」という民主政治の原則を主張した。しかし、政府首脳はその主張を肯定しなかった。つまり合法政権であっても共産政権には服す必要がない、というのが保守政権の考えだった。

一九四一年ころ、日本では人口の約五割が農民で、農民の内の約三割弱が自作、残りが自・小作農あるいは完全な小作だった。

底辺の農民の生活は貧困の極みだった。特に貧しい東北地方では、飢饉の時には、年端《としは》のいかない娘を都市部の売春窟に売ることも、広汎に見られた。娘を餓死させるよりもましだったのだ。

しかし戦後、ほとんどタダ同然で、土地は耕す農民のものとなった。小作人も含めてすべての日本人は、一八七二年の学制公布以来、すでに三、四代にわたって近代教育を受けていた。農民は大正デモクラシーの時代には小作争議、農民運動を経験し、自営農として生きていく意思と能力を持っていた。

彼らは啓蒙専制君主（占領軍）によって与えられたチャンスを生かし、自力で生産力を上げ、生活の改善を行った。それは日本社会の底辺の底上げを決定的にし、極端な貧困はなくなった。

また戦災で壊滅的打撃を受けた都市からの税収が期待できない時期に、農村からの税収がかろうじて国家財政を支えた。農地解放は、現在の豊かな日本の出発点になった。

しかし彼らは自力で自営農になったのではないため、権力との関係において、今日においても精神的自立が欠けている。

また戦前の日本では、今日の中南米諸国のように少数の家族、つまり財閥が産業の大半を支配していた。天皇家はその頂点に立っていた。天皇家は日本最大の地主であり、かつ資本家だった。この財閥は解体され、小さな独立企業に分割された。天皇家の財産は政府の管理下に置かれた。

二〇万人以上の日本人が戦争協力者として責任ある地位を追放され、逆に約三〇〇〇人の政治犯が釈放された。彼らの中には真の自由主義者や宗教家もいたが、大半は社会主義者、共産主義者だった。

彼らは長い人は一八年間も拷問と劣悪な待遇に耐えて生きて出獄した後、当然ながら大きな称賛を受けた。騙された人民にとって、天皇制ファッショと侵略戦争に反対し続け、信念に生きた日本人のいたことは驚異だった。

彼らは「自分たちは騙されていなかった」と主張できる例外的日本人だった。〝非国民〟として罵倒《ばとう》されていたが、実は彼らこそ、世界史的普遍的基準から見た場合、民族の名誉を守った真の愛国者だった。

左翼は急進し、労働争議は頻発した。戦前数パーセントの支持だったが、一九四六年四月、戦後最初の総選挙では、左翼諸政党、個人は約三割の支持を得た。その後左翼は、選挙ごとに増減、離合集散を繰りかえしながら、大雑把に言えば、西欧の左翼同様、しだいに社民化している。その中にはもはや左翼と呼ぶことがはばかられる党派もある。

しかし、農村では支持を増やせなかった。なぜなら農民たちはもはや無産階級ではなく、手に入れた生産手段、土地の活用に熱中していたからだ。それどころか自営農民たちは、その後、長きにわたって保守政権のもっとも強固な支持基盤になった。

敗戦後の未曾有《みぞう》の混乱の中で旧社会は崩壊した。その中で人々は自分の才覚だけで、生きていくことを余儀なくされた。

闇の食料品の担ぎ屋、食べ物屋、鍋釜の製造会社その他無数の独立会社が焼け跡に生まれたが、この時期、日本人全員が大なり小なり、やむなく企業家精神を持たざるをえなかったと言えるかもしれない。

いわば一億人の企業家が、同じラインから一斉に企業活動のスタートを切ったのだ。

そして彼らの中の運と才覚に恵まれた一部は、激甚な競争に勝ち抜き続け、ついに現在、世界的な大企業に発展した。ソニー、ホンダ、吉田工業、カシオなど多数ある。既存の企業にしても国家同様破産、あるいは破産に瀕していた。再建が必要だった。しかも労働争議は頻発していた。

大企業の多くの経営者は戦争協力者として追放されていた。このような混乱の中で、より勇敢で賢い人間がより責任ある地位に就くようになった。新しい経営者たちは、戦前のような身分意識や立身出世主義を持たず、労働者の待遇改善の正当性も理解した。一歩行き違えば、自分自身が反対側の席、労働者の代表の席に座っていたかもしれない、と思う経営者も多かった。

彼らは二つの課題、労働者の生活の改善と経営の再建のために、最善の工夫をした。現在、世界から注目されている日本的経営、例えば終身雇用制、例えば管理職が非管理職と同じ作業着を着て、同じ社員食堂で同じ食事をする、例えば不況時は労働者のレイオフ（一時解雇）をする前に、管理職やトップの給料、報酬を最初にカットするなどは、ほとんどすべて国家再建者の世代によって、第二次世界大戦後、新たに考え出されたものだ。

日本列島は狭隘《きょうあい》な山地が多く、風光明媚《めいび》だが、農業適地が少ない。戦前には主食のコメさえ自給自足できず、台湾、朝鮮に依存していた。敗戦後その外地との関係は絶たれ、逆に外地から約六〇〇万人の日本人が引き上げてきた。

そのため、第二次世界大戦後、日本は一〇〇〇万人もの餓死者が出るかもしれない、という飢餓に襲われた。食糧生産量などの統計上ではそうなるはずだった。日本列島全体が、水の壁に囲われた巨大な日本人ゲットーになったのだ。ゲットーの外は、日本の侵略の犠牲になった諸民族の憎悪が渦巻いていた。

この時期、しばしば食べ物の歌が流行した。人々の最大の関心は今日の食べ物だった。異論が噴出するにちがいない国家目標を定めるよりも、まず生きることだった。

そこから日本人は、経済の再建・発展を公式のスローガンとしてではなく、暗黙のスローガンとして、国民総意の国家目標にした。いわば戦前の富国強兵から強兵だけを除いて、戦後再び国家目標にしたと言える。

それは慢性的な外貨不足を克服するために、輸出産業の育成を中心とした再建・発展だった。そしてそれを見事に達成した。

一九八八年の日本は慢性的な外貨不足から一転して、国際収支の過剰黒字に悩まされた。敗戦から五年たった一九五〇年の一人当たり所得が米ドル換算で一一二ドル、当時のアメリカ人の一四分の一だった。そして三三年後の一九八八年には、アメリカを抜いて二万一〇〇〇ドルになっている。

日本の食糧と住宅が極めて高いため、実際の生活が、ドル換算の所得に相応していないとしても、日本人が世界でも最も豊かになったことは間違いないであろう。

日本人の平均寿命は、戦争によって極端に短くなった時期の終わった一九五〇年、女約六一歳、男約五八歳だった。その後の経済発展に対応するように延び続け、一九九三年には女約八三歳、男約七六歳で、北欧の国々を抜いて人類のトップに立った。

教育水準を基本に食習慣、安全で清潔な環境、医療体制などの総合指数の表れである平均寿命において、一億二〇〇〇万人の日本人が人類のトップに立ったことは、大いに誇っても良いことであろう。

こうして何一つとりえのない国家は、世界で最も豊かな国家に短期間で再建された。しかもこの再建は、資源も資本も技術（売り物になるような一級の技術はなく、二級の技術しかなかった）もなく、人間の意思の力だけで達成された。「精神力は物質に勝る」というスローガンが唱えられなくなった敗戦後、皮肉にもこのスローガンの正しさが証明されたと言える。

世界から奇跡と目される戦後日本の成功は、なぜもたらされたのか？

それをもたらした人間の資質はどのようにして作られたのか？

日本の再建・発展は一九四五年敗戦時、中年以下の若い世代によって主に担われたであろう。彼らは若い多感な時期に戦争、死、飢えの恐怖を体験させられた。彼らは核を含む無差別の情け容赦ない大量殺戮から生き残った後に、異民族の占領を見た。二〇〇〇年近い日本の歴史でも、前代未聞の異常事態だった。

前日まで信じていた「日本は不敗の神国」という教えは、真っ赤な嘘だった。それだけでなく、日本が戦争の大義名分にしていた「八紘一宇」や「アジア解放」「大東亜共栄圏」も西洋の古い植民地帝国にとってかわるための帝国主義的動機を隠すためのスローガンにすぎないことを知った。

それらの古い植民地帝国と比べて、日本が経済的社会的に著しい後進性をもっているにもかかわらず、日本は一等国である、と信じ込まされていたことも知った。自分たちは愚かにも国に騙されていたことを、彼らは思いしらされたのだ。

彼らは敗戦後、眼前の明らかな善、飢え死にから逃れるために、懐疑の心を残しながらも、夢中で働く経済発展至上主義者になった。そして、豊かになった現在でも、彼らは欧米の豊かな老人がするように、南の暖かい海岸に寝そべって一週間以上も過ごす、というような休暇の取り方を知らず、死ぬまで働き、走り続ける習性を、幼・少年・青年時に心と体に刻み込まれた。

世代全体が、無差別の近代戦争の業火《ごうか》によって心身ともに焼き直された、と言える。銑鉄《せんてつ》が焼き直されて鋼鉄になるように、人間も試練を経て強くなる。その試練は現在の若い日本人が生涯経験しないどころか、空想さえできない、生死にかかわる過酷な試練だった。

その結果、極限を生きた人ほどそうなるように、彼らは、少々のことでは動揺しない精神的強さ、平常心を持つようになった。また、手厳しい詐欺にあった人が陥るように、彼らは疑り深く、一つの考えを容易に信じず、常に反対意見を求めた。自分の反対者に対しても、立場が違えば、自分も反対者と同じ意見を持ったかもしれない、と自問し、一定の寛容さを身に付けた。彼らは本能的に複眼思考を取るようになったのだ。

精神的強さ、平常心、複眼思考などによって、彼らはバランスのとれた的確な判断力、つまり〝賢さ〟を身に付けた。この〝賢さ〟が、休むことをしらない〝勤勉さ〟とあいまって、大きな失策もなく、日本を再建・発展させたのだ。

死人の大海を泳がされ、悲しい業火で焼き直された彼らは、夢中で働いていたら、気がついてみたら、現在の繁栄を得ていた。運が良かったと考える〝謙虚さ〟をも、生涯もちつづけるように見える。

国家再建者の世代には、国家建設者の寡頭政治家のような、そびえたつ巨人はいなかった。しかし、経済界を始めあらゆる分野に、〝謙虚で賢い〟自立した個人を輩出した。世代全体にそのような傾向があったと言ってよい。そして、経済面のみならず、民主政治の面でも、日本は戦前よりはるかに高いレベルに達した。日本は先進国の一つになった。『ジャパン　アズ　ナンバーワン』（エズラ・ヴォーゲル）と讃えられた。

非白人国家、しかも非キリスト教国が欧米先進国と同等の経済的豊かさや民主政治を実現できる、などということは、戦後日本の成功以前は、世界の大半の人々にとって考えられないことだった。それは白人国家、キリスト教国の中のトップの一部の国々だけが実現していたからだ。

しかし、前代未聞の異常な試練から得た特異な資質によって、日本人は「奇跡」と目されることを実現した。

国家再建者の世代は偉大な成果をあげたのだ。しかし、彼らもまた、自分たちを騙し、国家を破綻させた根本原因までは、解明しなかったのである。

本質は変わらず

大日本帝国は二重底の菓子折りのようなものだった。二重の嘘があった。国家建設者の後継者世代の作った「表面」の嘘、大本営発表に集約される嘘は、第二次世界大戦の敗北によって暴露され、日本人は騙されていたことに気づいた。日本はカミカゼの吹く不敗の神国ではなかったのだ。

しかし、「表面」の嘘を発生させた「根底」の嘘は暴露されなかった。それは近代日本が国家建設者たちによって、認識上の錯覚の上に建設されたことだった。この錯覚が後継者世代の精神構造に影響し、「表面」の嘘を発生させ、国家を破綻させた。しかしこの錯覚は暴露されなかった。

そのため、第二次世界大戦後、日本は見事な復活を達成したが、日本人の精神構造には、錯覚の具体的あらわれである天皇制国家体制による重大な欠陥が残され、再生産されつづけている。それは神権と俗権の未分化な、あるいは形而上的価値観の欠けた原始部族が、共通に持つ欠陥だ。

そして、第二次世界大戦後の現在の日本人の多くは、神権と俗権の未分化な天皇崇拝、臣民（臣下）意識の血肉の上に、民主主義の外套、つまり形式をまとうことによって民主主義者になった、と錯覚している。

これらの錯覚は、今後の日本の発展をさまたげるだけでなく、逆に、第二の破綻をもたらしかねない重大な欠陥を内蔵している。

以下でその説明をしよう。

三　国家再建後継者世代の登場

昭和天皇ヒロヒトは、一九八八年九月一九日の吐血から一九八九年一月七日の死亡までの三か月半、口からは一切の食事をとれず、寝たきりで三万一八六五ccもの輸血を受け続け、おそらく、延命のためのあらゆる種類の薬剤を注入され、心臓と頭脳だけは、ほとんどサイボーグのような状態で、生かされ続けた。

漏れ聞いたところによると、末期ガン患者なら訴えるような、肉体的苦痛や不快の感情は一切口にせず、淡々と治療に耐えた、という。その態度は、天皇崇拝のための新しいエピソードを作り出した。

彼は一億の民を統治する現人神として教育された、精神的にも一種のサイボーグだったのかもしれない。天皇に従うことを習性にしている周囲のどの日本人も及ばない高い知能と、訓練しぬかれた意志の力で、天皇家の長男に生まれた宿命、錯覚劇の主演男優を、毫も疑わずに演じきった。そして天皇崇拝の威力で戦争責任の追及から逃げ切った。

昭和天皇ヒロヒトの死と期を一にするように、一九八八年時点で、最も若い人でも五〇歳を超えている国家再建者の世代は、しだいに影響力を失っていきつつある。やがて敗戦を知らない新しい世代が、日本の指導勢力になるであろう。死人の人海を泳がされ、悲しい業火で焼き直され、肉体的にも精神的にも辛酸をなめた世代から、何一つ苦労を知らない世代に、日本の指導勢力が変わるのだ。

日露戦争を指導した国家建設者の世代と、日米戦争を指導したその後継者の世代には、人間の資質に落差があった。そして私が懸念しているのは、国家再建者の世代と、その後継者の世代の間に、同じような落差が生じていないか、ということだ。

国家建設者の登場した明治維新から、明治天皇死亡までと、国家再建者の世代の登場した敗戦から昭和天皇死亡までは、ともに奇《く》しくも同じ四十四年だ。

敗戦後、農地解放、財閥解体がおこなわれた。預金のような金融資産は、猛烈なインフレによって、ほとんどゼロになった。全ての日本人が等しく貧しい平準化された社会が出現した。一方、戦前の権威は失墜した。その中で、新しいことを果敢に取り組む人々が輩出し、実力主義の時代がはじまった。

経済発展は、人間の無限に多様な欲求にいかに応えるか、あるいは無限に多様な隠された欲求をいかに引き出すのか、ということと不可分だ。経済活動は戦争と違い、敵（目標）が見えるとは限らない。成功にいたるためには試行錯誤、失敗は避けられない。

また経済活動が反社会的性格を持たないためには、容赦ない批判が必要だ。これらの要請に国家再建者の世代は果敢に応えた。敗戦後の平準化した自由な社会において、進取の気性に富む人々による真の実力主義の時代こそ、戦後日本の成功の原因だった。

しかし敗戦から約半世紀たった日本は、あらゆる分野で世襲が見られる。零細、中小の私企業はもちろん、公的性格をもつ大企業にまで見られる。東京ガスのような準公益企業さえ、トップの座は世襲された。

政権に直結する衆議院議員の実に四割は、親または身内が元議員だ。しかも世襲議員が経済力、政治力、そして威信において政界の中枢を占める傾向がある。彼らは封建領主が土地と人民を世襲するように、議員職を世襲している。もちろん選挙を通し、選挙に勝ちつづけることによってではあるが。

一九四六年の敗戦後の最初の総選挙では、世襲議員と目されるものは三パーセントに満たなかった。政界も含めて、日本全体がゼロから一斉にスタートした。一九四五年の敗戦から約半世紀を経て、日本は実力主義から世襲の社会へすっかり移り変わった。

いわば実力主義の戦国時代から世襲の江戸時代に変わったようなものだ。そして世襲の江戸時代が、市民革命と産業革命を経て疾風怒濤の発展を遂げた欧米諸国に、経済的社会的発展において著しく遅れをとったように、これからの日本は、世界の最先進地域から遅れをとり始めるかもしれない。その兆候はある。

日本の現在の大学生は、倒産の恐れのない役所や大企業に就職することに汲々としている。彼らは自ら起業し、あるいは零細企業に入って、自らの可能性を精一杯試してみようというような覇気に乏しい。

大企業はおろか、国家全体が倒産同然だった敗戦後の廃墟の中で、あらゆる新しいことに果敢に取り組んだ青年たちと、どう転んでも餓死するおそれのない豊かな社会に生まれ育った現在の青年たちの間には、その覇気において、同じ民族とは思えないほどの落差がある。

この落差は、単に貧しさの中で育った青年と、豊かさの中で育った青年との違いからではなく、頼るべき権威をなくした中で、人の生死や社会や国家の在り方など、根本的、本質的問題に否応なく葛藤せざるを得なかった青年と、自分の進学、就職、結婚など、個人的、世俗的問題に汲々としていて、すましていられる青年との違いから生じたものであろう。

一九八八年、昭和天皇大病の報道の時に、株式売買において、「推薦する天皇銘柄はありますか?」と私は大手の証券マンに聞いた。

昭和天皇大病は、株式市場にも、何らかの影響をあたえると推測できた。二〇代の

郵便はがき

料金受取人払郵便

新宿局承認

3390

差出有効期間
平成28年12月
31日まで
（切手不要）

160-8791

843

東京都新宿区新宿1－10－1

（株）文芸社

愛読者カード係 行

ふりがな お名前		明治　大正 昭和　平成　　年生　歳	
ふりがな ご住所	□□□-□□□□	性別 男・女	
お電話 番　号	（書籍ご注文の際に必要です）	ご職業	
E-mail			

ご購読雑誌（複数可）	ご購読新聞 新聞

最近読んでおもしろかった本や今後、とりあげてほしいテーマをお教えください。

ご自分の研究成果や経験、お考え等を出版してみたいというお気持ちはありますか。

ある　　ない　　内容・テーマ（　　　　　　）

現在完成した作品をお持ちですか。

ある　　ない　　ジャンル・原稿量（　　　　　　）

書　名				
お買上 書　店	都道 府県	市区 郡	書店名	書店
			ご購入日	年　月　日

本書をどこでお知りになりましたか?

1.書店店頭　2.知人にすすめられて　3.インターネット(サイト名　　)

4.DMハガキ　5.広告、記事を見て(新聞、雑誌名　　)

上の質問に関連して、ご購入の決め手となったのは?

1.タイトル　2.著者　3.内容　4.カバーデザイン　5.帯

その他ご自由にお書きください。

(　　)

本書についてのご意見、ご感想をお聞かせください。

①内容について

②カバー、タイトル、帯について

弊社Webサイトからもご意見、ご感想をお寄せいただけます。

ご協力ありがとうございました。

※お寄せいただいたご意見、ご感想は新聞広告等で匿名にて使わせていただくことがあります。

※お客様の個人情報は、小社からの連絡のみに使用します。社外に提供することは一切ありません。

■書籍のご注文は、お近くの書店または、ブックサービス(0120-29-9625)、セブンネットショッピング(http://www.7netshopping.jp/)にお申し込み下さい。

証券マンは、「天皇銘柄などと言ったら、会社で〝非国民〟と言われます」と真《ま》顔《がお》で私に言った。

私は四三年前に死語になったと思っていた非国民という言葉を突然きかされ、一瞬唖然とした。他の数社の証券マンも似たり寄ったりの反応だった。天皇銘柄に触れることは、証券会社ではタブーとなっていたのだ。

第二次世界大戦中、戦局の推移をみれば、日本の敗北は容易に予測できる。しかし、このことを口にすれば、精神力の欠けた〝非国民〟とされ、逮捕と拷問でその罪？を償わされた。

同じ雰囲気が証券会社内では復活しているようだった。天皇制ファッショの復活だ。問題は大卒の若い証券マンが何の疑問も持たず、やすやすとその秩序にしたがっていることだ。

大手新聞社の大学を出てまもない記者と話したことがある。彼は天皇崇拝、白粛一辺倒の報道に対して、「しかたがない」の一言だった。彼は心の中で疑問を持っても決して行動には出さず、やすやすと秩序にしたがっている。

生きる規範としての価値観や普遍的論理を、自分の内にもたず、周囲の人間関係だけを考えて、状況に流される。この若い日本人の態度は、東京裁判における被告たちの態度と、何も変わっていない。

日本の成功は一九八〇年代後半を頂点にして、終わりを告げたように見える。当面は過去の遺産に座食《ざしょく》しておられるが、これ以上の成功はおぼつかない。

日本の経済的成功が終わるとともに、国家再建者の世代が創造した日本的経営の多くも、終わりを遂げようとしている。労働者の権利、そして生活に一定の配慮をした終身雇用制などの労働慣行は、安易にリストラ（人員整理）が行われるなど、経営者（支配層）に有利な方向に大きく切り替えられている。

不況の時には、経営者はその責任を社員に押し付けるのだ。広汎な私企業における、民主的感性の衰退ともいえる。

天皇崇拝を「善し」として上下の秩序に従うことを習性にしている後継者世代は、この変化を容易に受け入れている。そして社会的、政治的に全体主義・右傾化を続けている。このような動きが続く理由を以下で説明したい。

戦後民主主義

一八六八年の明治維新以降、日本は欧米の科学技術、軍事技術だけでなく、民主主義を含む政治思想も受け入れた。それは明治の自由民権運動となって議会政治を実現し、大正デモクラシーとなって普通選挙と政党政治を実現した。

その渦中では、農民運動、労働運動、婦人解放運動、部落解放運動、社会主義運動、共和政の主張などが、全国で起こっていた。初等教育の一〇〇パーセント近い普及と中・高等教育の広がりは、批判精神をもった中産階級を広く育てていた。

しかし民主主義の動きは、その後、中国への侵略戦争の拡大の中で次第に圧迫された。特に対米戦争（第二次世界大戦）開始以降は完全に沈黙させられた。しかし、戦争中でも人民の中で、批判精神が無くなったわけではない。沈黙を強いられていただけだった。ナチス支配下のドイツの知識人が沈黙を強いられたように。

この時期には、殺される覚悟をしない限り、公然と批判を口に出せなかっただけだ。たとえ殺される覚悟で批判しても、世論の支持は全く期待できなかった。世論形成に決定的な影響力をもつ新聞、ラジオなどのマスメディアは、権力の下僕《げぼく》だったからだ。

アメリカ軍は日本を占領し、天皇制軍国主義政権を打倒した。天皇崇拝はダメージをうけ、逆に民主主義思想は大きな広がりを見せた。日本列島は民主主義の熱狂に覆《おお》われた。それは大正デモクラシーの精華を継承してさらに発展させ、戦後の民主的改革に結実した。

日本の戦後民主主義は、アメリカから、外から突然与えられたものではなく、民主主義を実現するための素地が、すでにあったのだ。

外国の軍隊は全体主義政権、あるいは民主的政権を打倒して、占領することはできる。しかし、占領地に民主主義を与えることはできない。その国が民主化するかどうかは、その国の人民の政治的成熟いかんにかかっている。民主主義とはリンカーンの言葉「人民の人民による人民のための政治」だ。

戦後ドイツが民主化したのは、ドイツ人がアメリカ兵から民主主義を与えられたからではない。ドイツ内部の政治的成熟によるものだ。日本が戦後一定程度民主化したのも同じ理由だ。

ブッシュ第四三代アメリカ大統領は、「日本人に民主主義を与えてやった。そのことに日本人は感謝してアメリカの友邦国になった。同じようにイラク人に民主主義を与える」と言ってイラク侵略をおこなった。ブッシュは民主主義を軍隊で与えることができる、と信じているようだ。ブッシュは歴代大統領の中でも最も無知で愚かだった。その後のイラクの悲惨な状況はブッシュがきっかけを作った。

敗戦後、農地解放、婦人参政権、労働運動の合法化は実現した。共和制は実現しなかったけれど、「主権在民」の言葉が明文化された。民主主義政治の核心ともいうべき「主権在民」の言葉が明文化されたことは、今後、日本がどのような民主主義的改革をも、合法的平和的に達成するための法的手がかりを得たといえる。

現在の日本には民主主義を真剣に求める人民が広く存続しつづけている。その中には、幼少年期あるいは青年期に発布された新憲法の高邁な理想主義に感動し、生涯の指針にしようと決意した人々がいる。その核心は、個人の尊厳あるいは人権を基礎にした民主主義政治と臣民（臣下）意識、つまり天皇崇拝が本質的に相いれないことに気づいている人々だ。

これらの人々は企業活動が反社会的性格を持たないように監視する批判精神も持っている。

しかし錯覚の継続の中で民主主義思想は社会の支配勢力になったとは言い切れず、天皇崇拝の復活、再生に反比例してしだいに形骸化し、実質的には衰退しているように見える。それは近代的市民意識よりも、臣民（臣下）意識をもった保守勢力が、アメリカの支援のもとで一貫して権力をもつことによって促進されている。

そして錯覚の体制は二つの方法で錯覚の体制の擁護と強化を図り続けている。合法と非合法の二つの方法だ。

合法的には、学校教育を基本に、役所の公式行事に天皇あるいは皇族を出席させることによってである。この天皇あるいは皇族の出席の儀式に対して、日本の巨大なマスメディアは、常に特別の敬語を使って奉る。

巨大マスメディアにとっては、天皇や天皇制を直截に批判することはもちろん、揶《や》揄《ゆ》することさえタブーだ。あるいは発行部数の減少を恐れている面があるかもしれない。

いずれにしても、敗戦直後死んだはずだったタブーは、生きていたのだ。社会の最強の権威に対する姿勢において、同じ世襲国家のイギリスのマスメディアと日本のマスメディアには、質的な違いがある。タブー視して批判を自主規制するか、あるいはタブー視しないかの違いだ。

日本の巨大マスメディアは、むしろ旧ソビエトロシアのマスメディアに似ている。一九八九年二月二四日、昭和天皇の葬儀が、アメリカ大統領を始め、世界の首脳を集め、荘厳、厳粛な雰囲気で執り行われた。日本中の会社、小、中、高校、大学が休みになり、日本列島は半旗で埋め尽くされた。巨大マスメディアは右に倣《なら》えとばかり、葬儀一色だった。

その余韻の残る翌月一五日、政府は新学習指導要領を発表した。

この新学習指導要領によると、学校行事のなかで、戦前と同じ天皇崇拝の歌「君が代」を歌うことが義務づけられた。同じ敗戦国のドイツが、戦後、戦前の国歌を廃したことと対照的だ。また日の丸の旗の掲揚も義務づけられた。義務に違反すると罰せられるようになった。以前にはない義務化による罰則だ。

また日本政府は子供たちの教科書を検閲（検閲ではなく検定と言っているが、やっていることは同じだ。軍隊を自衛隊と呼んでも実態は軍隊であるのと同じだ）し、全国一律に統制している。子供の親や教師には、子供にどのような書籍を利用し、何を教えるかの発言権は認められていない。

この国定教科書の中で一貫してみられるのは、天皇や天皇制の肯定的な面は取り上げ、否定的な面は、一切取り上げないことだ。

たとえば、ポツダム宣言の受入れを天皇が決めたことは、国民を戦火から救った英断として、教科書の中で讃えられる。しかし、終戦のそもそもの原因である開戦に対する天皇の責任には触れない。

戦争最後の年、日本の敗北が必至であることが分かっているにもかかわらず、国体護持（天皇制維持）の目処《めど》をつけようとして、終戦をおくらせた。そのために、沖縄、東京、広島、長崎その他の人民の被害が恐るべき規模になったことも、教科書の中では触れない。

世界史的普遍的基準でみた場合、民族の名誉を真に守った政治犯の存在についても、ほとんど触れない。逆に検閲の過程で、著者の書いた天皇の軍隊の「侵略」（否定的）の文字を「進出」（肯定的）にかえさせようとした。そして前述したように、卒業式や入学式の厳粛な儀式の中で、日の丸の旗の掲揚とともに、戦前と同じ天皇崇拝の歌の斉唱を義務づけた。

日本では、教育内容の決定は権力者の専決事項だ。その公教育は日本人の民主主義的感性を育てることを怠たっている。個性の発露である創造性をそだてる力も弱い。逆に天皇を頂点にした上下意識、権威や集団の秩序に盲従する粒のそろった「二流以下の人間」、せいぜい利己的な打算に長《た》けていることが賢い人間の証拠だと錯覚する「二流以下の人間」を量産している、としか見えない。

明治以降の公教育は錯覚の世代、つまり「二流以下の人間」を量産することに、決定的に作用した。その伝統は再生されていた。明治の専制政府にとっては、蒙昧《もうまい》な人民は教化の対象だった。そして現在の保守政権も人民を教化の対象とみなしている。

そのため子供の教育内容に、親や教師が関与することを拒否している。彼らには、近代的な市民意識はなく、逆に半封建的な臣民意識が感じられる。そして近代的な人権感覚が希薄だ。

教育に関して付記すれば、江戸時代、幕府の昌平黌や各藩の藩校からではなく、各地の私塾、例えば吉田松陰の松下村塾、シーボルトの鳴滝塾、緒方洪庵の適塾からこそ、民族の未来をきりひらいた英傑が輩出された。

敗戦直後、校舎やその他の設備はおろか、食べ物、着る物もない時代、政府による天皇崇拝の強制もない時代、何もない時代、教育現場には、理想主義の炎だけしかなかった時代に、生涯の指針になる真の教育があったと思う。

権力者が教育に携わった時、自分の権力や権威に対する批判精神をもった人間を決して養成しようとはしない。逆に自分の権力や権威に盲従する人間を養成しようとする。しかし、次の時代を切り開く創造的世代を養成するためには、既成の権力や権威に対する批判精神を持つことが不可欠だ。

権力者による教育の管理統制は、言論、出版、報道に対する統制と同等か、それ以上の致命的な弊害を国家社会にもたらす。このことは、教育を考える時の重要なポイントになる。

非合法的には、前述の天皇崇拝の歌や日の丸の旗の強制、昭和天皇の戦争責任、その他天皇制に対して、明瞭な批判を行った人々に加えられる非合法なテロがある。この非合法テロは、右翼や、右翼を名乗るやくざのような反社会的アウトローによって行われる。しかし、アウトローではない一般の個人によることもある。

このテロは人々を沈黙させることに、十分な効果がある。人は、誰も自分の意に反して、殺されたくはないからだ。

一九九〇年一月、衝撃的な事件が起きた。「天皇にも戦争責任がある」と控えめな発言をしたクリスチャンの長崎市長に対して、右翼が街頭で抗議行動を始めるとともに、テロ攻撃を予告し、そのため、警察が市長の身辺警備を始めた。

本来保守系の市長は、政府与党の地方組織の顧問だったが、この発言を機に、政府与党から顧問を解任された。そして与党議員は、市議会で警察の身辺警備を税金の無駄使いではないか、と抗議した。市長が警察に身辺警備の緩和を要請した。そして警備が緩和された途端、市長は銃撃されたのである。

与党議員とテロ犯が共謀したわけではなかったようだが、この事件は、錯覚の体制が、どのような方法で体制の擁護と強化を図っているのか、象徴的に示している。

日本の民主主義は、現在二つの方法、合法と非合法によって挟撃されている。戦後、国家がまとった民主主義の外套から、天皇崇拝の血がしみだしかけている。

日本人の差別意識

車を運転する時、人は赤信号でストップ、青信号でゴーという規則に、好むと好まざるを問わず、従わねばならない。交通規則に対して、人は無関係あるいは中立などという立場はない。従うか従わないかだ。従わなければ、事故を起こして罰せられる。警察が有無を言わさず、物理的な力「暴力」?を使ってでも罰する。第一命を失うかもしれない。

社会の血管ともいうべき道路運行において、人は一定の秩序に従わされるように、社会全体も一定の秩序に従って運行されている。その社会に住むすべての人々は、好むと好まざるを問わず、運行の秩序に従わされる。

社会全体を運営するのが政治であり、国家体制だ。従って、政治や国家体制に無関心で、自分とは無関係だと思っている人々は、自分の生活、財産、生命を他人にゆだねている。ただそのことに気づいていない。

共和制度においては、制度としては、つまり人々に強制をともなう制度としては、差別はない。万人は平等だ。

アメリカ市民は他のアメリカ市民の支持さえ得られれば、誰でもアメリカ大統領になれる。そして大統領が尊敬されるのは、人民の多数意思の執行者としてであり、その尊敬は人民の多数意思の尊敬に通じる。

世襲の王制はそうではない。人民の支持の有無にかかわらず、王の子供が自動的に王になる。極端なことを言えば、どんなバカ息子でも王になる。そして王の意思と人民の意思は、同じではない。さらに王と人民は平等ではない。上下関係がある。王との距離がその人民の社会的地位を決める。

王との距離が限りなく遠い人民でも、社会の底辺を徘徊できるだけで、無関係ではない。本人が主観的にそう思い込んでいても、税金が強制的に課されるように、体制の方から関係を強いてくる。

以上の説明で分かるように、人に強制を伴う社会制度として不平等な制度を作りながら、同時に万人の平等を主張することはできない。

これは単純明快な論理だ。

新憲法下の天皇に政治的実権はない。しかし、膨大な私有財産を所有しながら、人民の税金で生活し、非政治的な文化事業や学術団体、スポーツ団体、慈善事業などの名誉会長、名誉総裁、名誉委員に就任している。

こうしてタテ社会の頂点に君臨することによって事実上差別社会を支えている。つまり天皇は、非政治的であることによって政治的本質を隠蔽し、最も効果的に差別社会を支えている。

天皇制を支持しながら、同時に差別を否定することはできない。

しかるに現在の日本人に「あなたは未解放部落出身者やアイヌ系や、韓国・朝鮮系の人々に対する差別を否定しますか?」という質問と、「天皇制を支持しますか?」という質問を同時にすると、大半は両方に「はい」と答える。このような答えをする日本人は二つないし三つに分類できる。

第一は愚鈍な人々である。愚鈍なためにその論理の矛盾に気づかない。ただ誰かに教えられた答えを、おうむ返しに答えているにすぎない。全体主義国家では、人民に社会的、政治的質問をすると、判で押したように同じ答えが返ってくる。権力者公認のいわゆる公式見解というやつだ。それと同じだ。

第二は聡明な人々である。その論理の矛盾に気づきながらも、差別的価値観や、何らかの世俗的打算から、現状を肯定しようとする人々だ。

世俗的打算とは、例えば高級官僚や政財界人のように何らかの特権を持つ人々が、自分の特権の隠れ蓑として、特権者中の特権者（天皇）の存在を肯定しようとする場合だ。それは伝統的な臣民意識というより、その個人の世俗的打算のなせる業《わざ》だ。これらの人々は百万語をもちいて、詭弁を弄するであろうが、誠実さの視点からみて、人格に欠陥がある。要するに〝嘘つき〟だ。

この聡明な〝嘘つき〟によって現在の日本は支配運営されている。

第三は天皇制の擁護と万人の平等、つまり差別の否定が両立しないことに漠然と気づきながらも、それを論理的に突き詰めて考えることをせず、常に大勢に順応する人々だ。そして小心翼々《よくよく》と利己的に保身を考える。これが一番多い。日本人は羊の大群だ。

ごく少数の日本人だけが人格的に誠実であり、論理的に突き詰めて考えている。日本に差別があることは、差別する平均的日本人ではなく、差別される未解放部落出身者、アイヌ系、韓国・朝鮮系の人々、あるいは最近急速に増えている東南アジアなどからの出稼ぎ労働者に聞けば、歴然である。日本は歴然たる差別大国だ。その差別社会の頂点に天皇がいる。

天皇制を支持する人は、一、愚鈍（無自覚）、二、聡明（自覚した嘘つき）を問わず、すべて差別主義者だ。三、常に大勢に順ずる羊の大軍は、主義者とはいえなくても、差別の共犯者と言える。天皇崇拝者にとっては、天皇との距離がその人間の価値を決める。

人権侵害の差別とは、個人の努力によっては変更できない条件を、劣等性の証にすることだ。例えば性差、肌の色、宗教、肉体的精神的障害、出身地、親の職業などだ。差別する側から見れば、個人の努力なしに、自分の優越性を主張できる。

現代の差別は、差別する側の人間としての劣等感の反映だ。差別する側がなぜ劣等感を持つようになったのか？

これはその個人の生育環境や社会環境によって原因が違う。アメリカの根強い人種差別は、それなりの歴史的経済的背景がある。しかし万人が平等な共和制の理念自体に差別の原因があるわけではない。また神の下では万人は平等だ、というキリスト教の教え自体に差別性があるわけではない。

しかし、天皇を頂点に万人に序列（不平等）がある社会では、差別の最大の原因は、このような国家体制にある。

日本人の家柄意識

天皇を頂点に万人に序列（不平等）がある日本では、人は強い家柄《いえがら》意識を持っている。もちろん家柄意識も個人差があり、全くもたない日本人も多いが、上層になればなるほど、強い家柄意識をもつ。自分を優れた家柄に生まれた特別な人間だ、という自意識だ。そして上層の家柄の子供ほど、一般には勉強も良くでき、良い大学を卒業する。

その理由は経済的に恵まれ、勉強に専念できる環境を与えられていることもあるが、もう一つの理由は、自分は優れた家柄に生まれた特別な人間だという自意識が、他人にうち勝とうという気迫を生み出し、勉強に打ち込ませるからであろう。そして良い大学を卒業することが、優れた人間の証とされる。

それは生物的に優れた血統だからというわけでは決してないが、本人は生物的に優れた血統であると、錯覚している場合がある。特に天皇家につながる名門の出だと思っている日本人には、外国人が知ったら腰を抜かしそうな、ただしヒットラーが知ったらうらやましくて涎《よだれ》をたらしそうな強い血統意識、人種思想が残っている。

もちろん本音と建て前を使い分けるため、外国人に対してはもちろん、日本人同士でもそのような血統意識、人種思想をあからさまに言うことはない。そのため外国人がそれを見抜くためには、単に日本語がしゃべれるだけでなく、特別に鋭い洞察力、感受性を必要とするであろう。

一人の人間は父、母の二人から遺伝子をうけつぐ。その父母もそれぞれ二人の親から遺伝子をうけつぐ。したがって二代さかのぼると、最初の本人は四人の遺伝子をうけつぐ。こうしてさかのぼっていくと、わずか三六代前で、六八億七〇〇〇万人の遺伝子をうけつぐ。この人数は二〇一四年の地球人口七〇億人にほぼ等しい。

もし平均出産年齢が二五歳と仮定するなら、二五×三六＝九〇〇、つまり九〇〇年前だ。もし平均出産年齢が三〇歳なら三〇×三六＝一〇八〇、つまり一〇八〇年前だ。二〇歳なら二〇×三六＝七二〇、つまりなんと七二〇年前だ。

これは机上の計算であり、事実がこの数字どおりとは言えない。しかし、人類は約五〇〇万年前に猿から分離しはじめ、約二〇万年前には現在と全く同じ人間（ホモサピエンス）が遺伝子上、成立したといわれている。この人類の歴史の長さと照らし合わせるなら、人類は皆兄弟であることがよく分かる。

生物的、血統的に優れた家系があるとしても、せいぜい体格や運動能力ぐらいであり、精神的、知能的な面である、などということは証明できないであろう。全ては後天的である。江戸時代、最も高い科学知識を持った蘭学者も、無知文盲の水呑《みずのみ》百姓の子孫であるに違いない現在の小学生の科学知識にかなわない。

しかし、ユダヤ人は個性的、創造的天才を、その人口比からみると際立って多くだしている。その原因は生物的に優れているからではなく、圧倒的な異教徒の中で自分は例外的なユダヤ人である、という自意識が、しかもそのことに誇りを持つことが、強い主体性や、全体的に物事をみる習慣、そして深い思考力を育てるのであろう、と推測できる。イスラエルのユダヤ人に天才が生まれにくいのは、自分は特別な人間である、という自意識をもたされることがないからであろう。

もし仮に生物的に優れた家系があるとしても、自分がその優れた家系を継いでいるということが、どうして分かるのであろうか？　つまり、現在自分が親と思っている人が真に自分の親であることが、どうして分かるのであろうか？

顔形が似ていることは、証明にはならない。他人のそら似は珍しくはない。戸籍を調べても何の証明にもならない。他人の赤ちゃんを連れてきて、自分の子供として、登録したかもしれないからだ。血液型を調べてもそれは、親子関係の証明にはならない。同じ血液型の人間は地球上に何万、何十万あるいはそれ以上いるからだ。

血液型の調査で科学的に証明されるのは、親子関係のないことだけで、その逆は証明できない。最近発達したＤＮＡ鑑定も確率が飛躍的に高まっただけであり、血液型鑑定と本質的にはかわらない。

結局、厳密に考えるなら、現在自分が親だと思っている人間が、真に自分の親であるかどうかは、誰にも永久に分からない。ましてや、自分が会ったこともない先祖が、真に自分の先祖であるかどうかなどは分かりようがない。

従って自分の価値のよりどころを、家柄や血統においている人間は、厳密な意味での真理にはのっとってはいない。

日本人の結婚観

家柄意識と関連して日本人の結婚観がある。

磁石のＮ極とＳ極が引かれ合うように、違った個性を持った男女が魂を惹かれあって恋愛し、結婚する、という近代的結婚観は、庶民階級でこそ一般的であるが、上層階級になればなるほど少なくなり、結婚に打算の割合が増えてくる。打算とは単なる経済的損得というより、家柄、つまり身分が釣り合うかどうかの打算だ。そして天皇家につながるような最上層の人々にとっては、結婚は、ほとんど血統書付の犬猫の掛け合わせとかわらない。

このような天皇家につながるようなエリートがたとえ人口の一パーセントに満たないとしても、日本の政財界を閨閥《けいばつ》で押さえ、日本の支配運営に絶大な影響力を行使している（神一行『閨閥』）。

日本では結婚は天皇を頂点にしたタテ社会の中で、自分の評価を高める重要な手段になる。そのため打算で掛け合って子供をつくり、その子供が再び特権者意識をもって、掛け合う。しかし、そのような本音はおくびにも出さず、建前として恋愛のポーズをとる場合がある。

つまり最初に打算し、その後で恋愛のポーズをとる。このポーズを真《ま》に受け、美化する女性週刊誌などマスメディアにはことかかない。

こうして「高い教養」？と上品な所作の裏で、売春婦（夫）のように打算しあい、互いの人格を侮辱しあっている。あるいは虚栄を称賛しあい、虚像を作りあっている。もちろん例外はある。最上層階級出身でありながら、真の恋愛で結婚する人もいる。逆に、庶民出身でありながら、今より家柄を落としたくないため、未解放部落出身者やアイヌ系、韓国・朝鮮系の人とは結婚を固くこばむ人々もいる。

日本人の精神構造

もちろん例外はあるが、平均的日本人は周囲の人々の目をなによりも気にする。そのため、周囲の人々が一つの方向に動き始めると、その動きに同調する。自分の内にある普遍的な道徳律や宗教観念に照らして、行動の善悪を判断するよりも、カメレオンのように周囲の色にあわせることを習性にする。

つまり保身のための保護色に染まる。というよりも、日本人は個人の内に、行動の規範となる形而上的道徳律を持たない。全体的に見れば、日本人は個人が単独で対決し、あるいは単独で従うべき形而上的道徳律を持たない。

日本は自分の内に規範をもつ罪の文化ではなく、自分の外、他人の目に規範をおく恥の文化、と言われている。

集団を離れ、一人で行動することは、行動を律する規範が自分の内にないため、日本人は不安で耐えられない。そのため、例外的な日本人は別として、平均的日本人は常に集団で行動する。

一九八八年、昭和天皇重体の発表にともなって、一斉に自粛へ右倣《みぎなら》えをした行動は、この日本人の精神構造を如実に示した。

年間一〇〇〇万人を超える海外旅行者の大半が、小学生のように添乗員の旗の下で、集団で行動することはよく知られている。パリの高級レストランで、リーダーが何かを注文すると、残りのグループ全員が同じメニューを注文する。これは言葉の問題ではなく、精神構造の問題だ。日本人の集団主義と呼ばれる所以《ゆえん》だ。

自分の内に行動の規範がなく、自分の外の他人の目を気にする日本人は、なによりも人間関係を重視する。人間関係に対する配慮が日本人の行動規範、つまり道徳律ともいえる。

人間関係は反天皇を意識する少数派の日本人のものを含め、無数にある。この無数にある人間関係の頂点に天皇がいる。底辺には未解放部落出身者、アイヌ系、韓国・朝鮮系などの人々がいる。多くの例外的日本人がいるが、全体的に見れば、人間関係は上下関係を経糸《たていと》にし、集団主義を緯糸《よこいと》にしている。

この人間関係の中には、準身内と思っている近接するアジア系以外の外国人は含まれない。集団行動に異論をとなえかねない外国人異端分子は、最初から排除しておくわけだ。

外国人異端分子は、お客様として親切にもてなされることはあっても、日本人社会の内には入れない。こうして外国人異端分子に対して閉鎖的になる。この閉鎖性と、日本人の集団主義はコインの表裏の関係だ。

また、人間関係の配慮の中で生きてきた平均的日本人は、超越的生き方が苦手で、内にこもりやすい。内の世界でのみ、精魂を込めた本音の仕事ができる。その成果である日本の文化や芸術は、繊細で情緒に富んでいるが、自我の主張ともいうべき骨太い迫力にかけている。

自分の内に行動の規範がなく、自分の外の人間関係に対する配慮を自分の行動の規範にすることは、日本人の〝甘えの心理〟を生んだ。配慮への相互期待が互いにもたれあう心理となり、いわゆる〝甘えの心理〟を生んだ。〝甘えの心理〟は日本文化に固有不可分のものではなく、歴史的、社会的に作られたものだ。

現在、西洋に残存する国王は、絶対主義の国王の後継者、つまり俗権の頂点に立った人間の後継者である。それは俗世界（形而下）に住む同じ人間であり、個人の生きる規範となるような、宗教的崇拝の対象にはなりえない。生きる規範、神は、別に自分の内にある。

キリスト教の神に対応するように、意図的に作られた近代日本の天皇は、一九四五年敗戦までは現人神であり、多くの日本人にとっては、現在でも宗教的な崇拝の対象になっている。

敗戦後の日本の天皇は、西洋に残存する国王と同様に、政治的実権がない。外面は同じ世襲の権威だ。しかし内面、本質は違う。日本の天皇では、神権と俗権が未分化だ。

西洋の王政諸国は比較的豊かで、自由な民主主義を実現している。王政が人民に重大な害を与えているようには見えない。しかし日本の天皇制は、この内面、本質の違いのため、日本人の精神構造に重大な欠陥をもたらしている。

自分の外の天皇に従うことを習性にする日本人は、全体的に見れば、上下意識を経糸に、集団主義を緯糸にし、閉鎖的だ。そして個人が自立していない。この特徴はちょうど軍隊に見られるものだ。

つまり平均的日本人は心理的に一種の軍隊社会に生きている。それは完璧な軍隊社会ではなく、やわらかな軍隊社会だ。そして兵士に自分の顔がないように、やわらかな軍隊社会に生きる平均的日本人も自分の顔がない。

現在の複雑な経済、社会問題を解決するために、軍隊が何の役にもたたないことは、明らかだ。一九九〇年代以降の日本の停滞は、軍隊社会のような日本人の民族的体質がその根本原因になっている。軍隊では、上司を批判することは許されない。まして や上司を批判し、その地位にとって代わろうとすることは、銃殺刑に値する大罪だ。

一九九〇年代以降、停滞が続き、政策が失敗していることが明らかであるにもかかわらず、指導的地位の日本人で、責任をとらされたものはいない。それは日本が一種の軍隊社会だからだ。軍隊（社会）では、指揮系統が破綻し、組織が解体されるまで、新しい軍隊（社会）はつくれない。

さらに天皇を頂点にした上下の人間関係を当然視する平均的日本人は、ほとんど無意識のうちに他人が自分より上か下かを判断し、言動を変える。上のものにはへつらい、下のものにはぞんざいになる。

民主主義社会の原理、フェア（公平）であることが最も重要であると思われているアメリカでは、トップの人間であっても常に批判を浴び、失敗すれば、容赦なく地位交代させられる。日本ではそうならない。

天皇を頂点にしたやわらかな軍隊社会の構成員（兵士）であることを、平均的日本人は自覚していない。その中で生まれ育ち、他の精神世界を知らないからだ。

しかし、現在の日本はかなり多様性があり、軍隊社会からはみ出した日本人も数多い。自主独立路線をとり、信念をもって保守権力を批判し続ける日本共産党は、先進資本主義国では、唯一、一定の影響力をもっている。

またいわゆる〝市民派〟と呼ばれる人々は、権威や組織に依存せず、勇気と見識をもって、様々な問題に鋭い批判を加えている。教育を受け、批判精神をもった自立した個人が、広汎に存在している。

天皇崇拝をもたないキリスト教徒は人口の約一パーセントにすぎないが、教育を受け、指導的立場の人が多いため、社会的影響力は人口割合よりはるかに大きい。外国で育ち、あるいは生活し、異文化を身につけた日本人も増え続けている。アジア系、欧米系の日本人も増え続けている。

これらの日本人は、日本全体からみれば、少数派ではあるが、日本が民主主義的であるために決定的な役割を担っている。

敗戦後、天皇の権威は失墜し、上下の人間関係はダメージを受けた。そして上下の人間関係にかわる規範として、フェア（公平）な民主主義を人々はもとめた。民主主義思想は大きな広がりを見せた。それは、前代未聞の過酷な試練から獲得した〝謙虚で賢い〟国家再建者の資質と重なった。

しかしこの資質は、後継者の世代にうけつがれているようには見えない。むしろこの資質は、天皇崇拝の復活に伴って、逆に衰弱しているように見える。天皇崇拝の公教育が衰弱の仕上げをする。

日本人の精神構造を、日本の近現代史に重ねると、次のように要約できる。

一八六八年、近代日本を建設した国家建設者たちは、冷徹な合理主義者、リアリストだった。彼らは固く団結した民族国家の要に天皇を置いた。この要をより強化し、西洋のキリストの神に対応するものにしようとした。

その結果、天皇は現人神になった。それは錯覚劇の創作だった。彼らは誤算したのだ。特定の一個人を盲目的に崇拝し、従うことを習性にする人間や集団は、決して賢くならないこと、逆に愚かになることに気づかなかった。

この誤算が愚かな後継者世代を生み出し、日本史上、かつてない殺戮と破壊の中で日本を破綻させた。

一九四五年、謙虚で賢い国家再建者の世代が登場した。彼らは日本を豊かな先進国の一つに引き上げた。しかし、国家を破綻させた根本原因までは解明しなかった。そのため、第二次後継者世代も、天皇を頂点にした上下の人間関係に盲目的に従っている。

彼らは、日本のさまざまな新しい問題を健全に解決する力に欠けている。逆に全体主義・右傾化している。

以上の四つの世代論は日本全体の一般的傾向であり、例外的個人がいることはいうまでもない。

二〇一四年現在、国家再建者の世代は近い未来に消滅するであろう。彼らが消滅する前に、つまり第二次後継者世代による第二次の破綻への道がとりかえしのつかない段階にいたる前に民族の精神構造に根本的改革をもたらさねばならない。そのためにも錯覚の暴露は急務である。

錯覚の暴露こそ急務

一九九〇年一一月、錯覚劇の舞台中央、皇居において、主役交代の儀式がしめやかに、荘厳に執り行われた。日本の主要メディアは新天皇礼賛一色に染まった。戦前、彼らの先輩たちが、聖戦貫徹の鼓吹《こすい》一色に染まったように。儀式は人民に強い印象を与え、錯覚劇を再編成するように演出された。

儀式は、印象の薄かった新天皇に映画俳優や歌手、あるいはスポーツ選手に対するようなスター性を加味すると同時に、新天皇に欠けていた神秘性を、新天皇に与えたようにみえる。

この儀式は、広範囲にみられる政治的無関心層や、戦争後の教育を受けて、天皇崇拝と無縁にみえる人々を、再び天皇崇拝に吸引する作用を発揮したようにもみえる。

時代の変化発展に合わせて、天皇の観念も微調整されなければならない。新天皇は現人神から、伝統文化や道徳の体現者である、と称されるようになった。

華麗な作品を残した文学者三島由紀夫は、反権力の学生たちの集会で、「天皇を天皇と諸君が一言いってくれたら、一緒に戦う」と言った。

一九七〇年、彼は同志とともに自衛隊基地（元日本帝国陸軍参謀本部）に侵入し、兵士たちに「天皇の軍隊の再興」をアジ演説した直後、同志とともにサムライの自殺の作法にのっとってハラキリ自殺した。

三島が自分で自分の下腹部を、腸が飛び出るほど大きく切り裂き、自殺までして訴えようとしたのは、自分の内に生じる神秘的で、宗教的な天皇の観念のためであろう。それは理性的な方法では絶対理解できず、信じることによって初めて感受できる、他に類のない宗教性を持った天皇の観念だ。長い年月をかけて純化されてきた宗教性をもった天皇の観念だ。森厳《しんげん》とでも表現すべきものだろう。

大半の日本人同様、高名な文学者もまた錯覚の世界に生き、そして死んでいった。

このような盲目的天皇崇拝が、現在どれだけ継承されているのか、確証はとれない。現在の天皇崇拝は、個人によって、その強度や内容が少しずつ違う。全く無関心な人も数多い。

「紀子さん素敵」と歓声を上げる女子高生の単純なファン心理もある。いわゆる皇室ファンだ。この皇室ファン心理が広大な天皇崇拝の裾野を作っている。このファン心理は「ＡＫＢ素敵」と歓声をあげるファン心理に表面上は似ている。違いは天皇崇拝の究極の給源には宗教性をもった形而上の天皇の観念があることだ。

そして圧倒的多数の日本人にとっては、現在も、天皇は抗《あらが》うことのできない頭上の権威だ。この権威は、社会制度の頂点に位置し、その社会に住むすべての人々に、好むと好まざるとを問わず、強制される。天皇の出席する儀式に典型される合法的な尊敬の強制を、公然と批判する言論（個人）に対しては、非合法な右翼テロが待ち構えている。

天皇崇拝者にとっては、天皇の価値の否定は、全人格、存在そのものを否定されたかのような心理的ショックを与えられ、ヒステリックな反応しかできないのであろう。信仰の否定と同じだ。

こうして守られてきた錯覚劇は、一九九〇年、新天皇即位後、二〇〇〇年近い錯覚に若干の微調整を加えて再編成され、続行している。

天皇制に対して批判的な人々は、個人の内に生じる宗教的な天皇の観念の存在を無視する。ある著述家は、三島のような純粋な天皇崇拝者の感情を、同じように感受するのではなく、理性的に理解しようとしたあげくか、天皇の住む皇居（元徳川将軍の居城）を、全てを飲み込むブラックホールにたとえ、得体のしれない「空なる中心」と呼んだ。

しかし、天皇崇拝の感情を無視すれば、無視した本人に見えなくなることはあっても、無視するつもりのない大半の日本人の脳髄から消えさるわけではない。そして現在の日本人は、消極的な支持者も含めると、大半が天皇制を支持し、天皇を崇拝している。

このような様々な天皇崇拝者に対して、

「あなたの天皇はあなたの心の内に生じた天皇の観念であり、あなたの外の生身の天皇とは別個のものですよ。しかし、あなたの内の〝尊い天皇の観念〟はあなたの外の〝生身の天皇〟と同じ〝天皇〟という言葉で表現されるが故に、同じものであるかのような錯覚に陥っているのですよ」

という点を指摘しなければならない。

この天皇の観念（形而上）と生身の天皇（形而下）の乖離の指摘は、東条や三島のような純粋な天皇崇拝者ほど、純粋に右翼的な人であればあるほど、理解しやすいであろう。

逆に言えば、天皇崇拝の感情の乏しい人ほど、あるいはない人ほど、理解しにくいかもしれない。天皇崇拝の広大な裾野をつくる単純な皇室ファンにも理解されないであろう。

第一章で述べたように、生身の天皇（人間）崇拝は、人間の認識能力が未熟な原始宗教の信仰に始まる民族の集団錯覚だ。私たちが実際に生きている世俗（形而下）の世界は全て物質からなり、それは人間も含めて全て科学の対象であり、私たちが取捨選択によって、自分自身で価値を与えるものだ。

そこには、私たちが従わねばならないような先天的に価値を持っているものは、何もない。私たちが従わねばならないものは、神や道徳の観念として、天皇崇拝者にとっては天皇の観念として、自分自身の内にしかない。この点を、天皇崇拝者に対して、指摘しなければならない。

こうして私たちは、生身の人間（天皇）崇拝という神権と俗権の未分化な、あるいは形而上的価値観の欠けた精神的原始部族の状態を、今こそ卒業しなければならない。二〇〇〇年近い錯覚の歴史を、今こそ卒業しなければならない。そして錯覚の上ではなく、疑う余地のない真理の上に、社会を建設しなおさなければならない。

それでは疑う余地のない真理とはなにか？

その上に出来る社会とは、どのような社会なのか？

次章以下で私見を述べよう。

この私見は、私の単なる思惟《しい》の産物にすぎない。しかし、この私見が賢明な読者の自由な思惟、あるいは論争の端緒《たんちょ》になることを願っている。

第五章　未来に向けて

一　真理の上に作られる体制

私たちは内省によって、自分の肉体を含めた外界の一切のものを認識する認識主体、根源的自我、つまり自分自身の存在を直感できる。全ての科学的真理が条件付きであるのに対して、直感によるこの根源的自我、つまり自分自身の存在は無条件だ。疑う余地はない（デカルト『方法序説』参照）。

この自分自身はどのような生き方をすべきなのか？

自分自身の外の世俗の世界は、全て物質からなり、取捨選択によって、自分自身で価値を与えるものだ。そこには従う規範となるような先天的に価値をもっているものはなにもない。これは絶対的な真理だ。

この絶対的な真理を自覚した時、天皇に先天的価値を感じ、天皇に従うことを習性にしている大半の日本人にとって、その生きる態度に、コペルニクス的転回をもたらす。生きる規範が外ではなく内に、一八〇度変わるからだ。

この自分自身の生きる目的は、上下意識の中で、上昇を目指すことではない。周囲の人々の顔色を気にして、小心翼々と秩序にしたがうことではさらさらない。

生きる目的は、唯一無二の自由な存在としての自分自身を一層豊かに、個性化することだ。そのために、自分自身の内なる関心を、自由に追求することだ。内なる関心が、どれだけ奇妙で異端であっても、何らかまわない。自分自身が満足すれば良いのだから。

このような生き方をする人間は、他人を支配したり、他人が自分に迎合することを他人に求めない。他人に対しては、自分の内なる関心を満足させるような、個性をこそ求める。逆に言えば、自分が個性化することは、他人の求めに応じて普遍化することだ。

個性化とは、例えば自分の親や優れた個人に関心をもって、その人の価値観や論理を吸収し、吸収した分だけ、自分を大きくすることだ。

このように、他人に関心を持って理解しようとする意思の根底には、常に非合理的な衝動がある。この非合理的な衝動を〝愛〟と呼んでも良い。つまり自分の親や優れた個人に関心をもって理解しようとすることは、〝愛〟を持つことだ。それは心理的、人格的に従うことではなく、〝愛〟を持つことだ。

関心をもつことは〝愛〟をもつことであり、無関心は〝愛〟のないことだ。愛の反対は憎悪ではなく無関心だ。憎悪は恐怖心を克服しようとして生まれる。恐怖心は敗北意識から生まれる。従って、敗北意識のない自信のある人は、憎悪心もない。

「尊敬」という言葉は、一般には肯定的に使われる。しかし「尊敬」という言葉がもし「従う」という意味を含むなら、人間関係において「尊敬」は否定されねばならない。人を「尊敬」することは間違いだ。なぜなら「尊敬」は、取捨選択によって一切に価値を与える主体であることをやめ、自分を奴隷にするからだ。

人間は頭上にいかなる権威をも置かず、内なる関心を自由に追求しなければならない。従うものがあるとしたら、それは自分の内にある普遍的真理、論理以外にない。外部の人間関係では愛を、つまり関心を持つか持たないか、のみである。会社など世俗の世界で、上司に従うのは、契約に基づき、契約の範囲内で従うのであり、人格的に従うのではない。

内なる関心を自由に追求することが制約される唯一の場面は、自分と同じく唯一無二の存在として、内なる関心を自由に追求している他人の要求と衝突した場合のみだ。この場合、両者は話し合い、妥協して契約を結ぶ。

この契約において、両者は完全に平等、公平でなければならない。何故なら、唯一無二の存在としての尊厳において、両者は全く平等で、平等に自らを豊かに、個性化する権利を持つからだ。

障碍者であろうが、犯罪者を親に持とうが、未解放部落出身者や朝鮮人を親に持とうが、大企業のオーナー社長を親に持とうが、侍の先祖を持とうが、大名の子孫であろうが、あるいは親が不明であろうが、そのようなことは一切かかわりなく、人間の尊厳においては平等だ。従って両者は、平等公平に契約を結ばねばならない。

この契約が三人に増え、四人、五人、一〇人、一〇〇〇人に増え、社会の成員全員が契約に参加した時、それは一般的契約になる。ルソーの言葉では、暗黙の了解としての社会契約だ。この社会契約では、万人は平等で、何人も自分だけの特権は要求できない。この社会契約の精神を具体化した体制が、共和制だ。

万人が平等で公平な共和制の発想では、自分が尊重されるためには、同じ条件の他人も、同じように尊重されなければならない。

逆に、誰かが犠牲になることは、自分も犠牲になりえる。そうならないためには、互いに、平等に尊重しあわなければならない。

ここにおいて、普通の人々の尊厳、あるいは人権、という近代的人間観が初めて社会を支配する原理になる。またここにおいて、フェアの観念や助け合い、ボランティアの精神も、初めて一般化する。逆に、ここにおいて日本の宿弊、軍隊社会のような上下意識、集団主義、閉鎖性が初めて解消される。

天皇を守ることが国家社会を守ることであり、したがって一人の天皇、人間を守るために、残りの数百、数千万の人間を犠牲にしてもやむをえない、という天皇制国家の原理と、万人は平等であり、一人の犠牲者も認められない、という共和制の原理は、真っ向から対立する。

タテ社会の頂点に座り、人権侵害の差別構造を支える天皇制を廃し、万人が平等な共和制に変えることによって、完全な民主主義社会を実現するための形式が、初めて整えられる。

第二次世界大戦後、アメリカ占領軍の下で、日本人の大半は民主主義者であることを自称するようになった。しかし真の民主主義者か、にせの民主主義者であるかは、天皇制に対する意見を聞くことによって識別できる。

ルソーは『社会契約論』の中で、「平和は牢獄の中にもある」（第一編第四章　奴隷制度について）と言った。

他人（天皇）に従うことを習性にしている人々は自由を恐れる。自分の自由を恐れるだけでなく、他人が自由であることも恐れる。そして彼らは、他人に対しても、天皇を頂点にした上下の秩序にしたがうことを要求する。

心理的な牢獄に同居することを要求する。天皇崇拝は日本における草の根全体主義の温床になっている。しかし、私たちの生きる世俗の世界では、頭上には従うべき権威は何もない。私たちは自由だ。

日本人は二〇〇〇年近い生身の人間に対する偶像崇拝を、今こそ卒業しなければならない。そして同じ人間（偶像）ではなく、自らの内にある普遍的真理、論理にこそ従わなければならない。

そのために、よりレベルの高い、より確実な普遍的真理、論理を探求しつづけること。孤独な自由の中で、常に懐疑の心をもって探求しつづけること。この姿勢が、より豊かで、自立した個性を育てることになるであろう。

こうして、唯一無二の存在としての自分自身の個性を開花させることが、この世に生を受けた目的であり、人生を全うすることだ。

他の先進国同様、現在の日本では戦争、飢餓、貧困などによって生命に危機を感じることはまずない。日本史上初めての慶祝すべき時代かもしれない。人々は死なないための労働を強いられることはなく、自分の個性を豊かに開花させるための条件がある。

右顧左眄《うこさべん》して、上下意識の中で上昇を目指すのではなく、唯一無二の存在としての自分の個性を開花させることは、自分のためだ。それは同時に他人、社会のためにもなる。なぜなら、他人に与えることのできる豊かな個性があって、初めてそれを他人に与えることができるからだ。

さらに与えることとは、再び自分に戻って、自分を幸せにする。

ゲーテは『ファウスト』の中で言っている。「人（他人）のために役立つことか、人間を真に幸せにする」と。

このことを生きる目的を探している特に十代、二十代の若い世代に伝えたい。

二　共和制の利点、平等と自由の関係

平等と自由は形式論理では対立概念だ。しかし、平等な人間関係のある社会において、個人の自由もあることを、私たちは経験的に知っている。

この社会における平等と自由の関係を、分かりやすく数式で表すなら、次のように言っていいかもしれない。

社会の最小単位であるA、B二人の人間の間の問題を決める時、Aが一切の決定権を持ち、Bが全く無権力な状態では、その社会の自由度は一〇×〇＝〇だ。Aが九の決定権を持ち、Bが一の決定権を持つ社会では、その社会の自由度は九×一＝九だ。Aが八、Bが二を持つ社会では、その自由度は八×二＝一六だ。Aが七、Bが三を持つ社会では、その自由度は七×三＝二一だ。Aが六、Bが四を持つ社会では、その自由度は六×四＝二四だ。A、Bが対等な社会では、その社会の自由度は五×五＝二五で最大になる。

二人の人間がつくる最小社会に見られるこの数式は、二人が三人に増え、四人、五人、一〇人、一〇〇人、一〇〇〇人に増え、社会の成員全員が参加しても同じだ。つまり万人が平等で、特権者のいない社会において、その社会は最大の自由度を実現する。その制度は共和制以外にない。

民主主義の原理に基づく共和制が、原理通り、民主的に運営される状態が、人間が最も自由になる社会であろう。

それは同時に、社会の成員各自が、唯一無二の存在としての自分の個性を最大限に開花させられる、理想の社会であろう。

それでは、どのような方法でその理想の社会を実現するのか？

三　民族の精神の解放

その方法は、私たちが錯覚の上に作られた生身の天皇崇拝を卒業し、世俗の世界では、頭上にいかなる権威をも置かない自立した近代市民に脱皮し、内なる関心を自由に追求することである。

その結果、集団催眠のような集団錯覚の牢獄に、二〇〇〇年近く閉じ込められていた一億二〇〇〇万人の民族の個々のエネルギーが突然解放されるなら、それは真に巨大な奔流となるであろう。

この奔流はあらゆる分野に向かうであろう。錯覚から覚めた人民が一斉に声をあげるなら、圧倒的多数が不利を蒙っている社会の不平等、不正の多くは、たちまち解消に向かうであろう。

それは社会全体の在り方としては、完全に平等、公平な特権者のいない制度、つまり共和制を志向するほかない。

それは明治維新以降つくられ、現在も続く奴隷的な臣民（臣下）意識から、自立した自由な近代市民への意識革命をともなう日本初の「市民革命」だ。この「市民革命」は自由民権運動、大正デモクラシー、戦後民主主義の精華を継承して、さらに発展させたものだ。

日本の「市民革命」は、人口の圧倒的多数をしめる給料生活者、マルクスの用語では「賃金奴隷」と称される人々によって担われるであろう。

彼らの多くは高等教育を受け、高い気位を持ちながらも、毎月、給料の範囲内で、社会的体面を気にしながら、つつましい生活を忍耐強く続けている。その私生活は、インド的、アフリカ的貧困とはほど遠いとはいえ、天皇を頂点に、姻戚関係、打算婚で結ばれた日本の支配層の私生活ともほど遠い。

それだけではなく、同じような仕事に従事している欧米先進諸国の給料生活者と比べてさえも、住居の貧弱さに典型されるように、その私生活の貧しさは、隠すべくもない。彼らは、自らが実現した経済的成功の成果を、正当に享受《きょうじゅ》しているようには見えない。それを享受しているのは、天皇を頂点に姻戚関係、打算婚で結ばれた支配層だけのように見える。

人口の圧倒的多数を占める給料生活者が、自分の個人的要求が同時に普遍的要求であることに気づき、物質的のみならず、精神的にも〝奴隷〟状態から自分を解放しようとした時、日本の市民革命は成就されるであろう。

自分の中の普遍的真理や論理に支えられることによって、自分の外の人間関係では孤立を恐れない自分の顔を持った自立した市民が、合議で運営する共和制日本は、万人に平等、公平に開かれるであろう。日本は上下意識、集団主義、閉鎖性を解消し、外国人や異端者や、その他少数派の人々を自然に受け入れる、開かれた社会になるであろう。

その結果、日本の物理的な地理上の面積は変わらなくても、心理的な面積は、一挙に一〇倍にも拡大されるであろう。そして民族的国家的独善に陥って、日本人と外国人に害をあたえる可能性も激減するであろう。

地球上の七〇億の人間の中で、例外的少数派の天皇崇拝者を除き、心理的にも開国した共和制日本の出現を、歓迎しない者は、いないであろう。アメリカが世界中の人々から受け入れられる理由の一つは、民族や宗教の違いを問わず、何でも受け入れる心理的な開放性にある。

日本の市民革命は、壮大な錯覚劇を作りあげた国家建設者たちの救国の意志を、真に継承しながら、その重大な限界をこえることである。

原始宗教の信仰に源を発する日本の天皇制は、地球上に残存する他の王制と比べて、強い宗教性を持っている。そのため、強い基盤があるように見える。しかし、その強い基盤は、錯覚の上に作られたものであることが曝露された。

そして他の多くの例をみるまでもなく、世襲の王制から共和制への流れは、人類の普遍的な発展の法則だ。何故なら、普遍的真理「万人は生まれながらにして自由かつ平等の権利を有する」（フランス革命・人権宣言）に反する非合理的な制度は、合理的で真理を愛する近代的精神をもった人間には耐えがたいからだ。

三〇〇〇年以上の歴史を持ったエチオピア王政は、一九七四年、一夜のクーデターで消滅した。千数百年の歴史を持った日本の天皇制だけが、人類の普遍的な歴史の発展の法則にはずれた例外であるはずがない。

日本だけが例外だという思い込みこそが、錯覚の体制が生み出した錯覚であり、第二次世界大戦において、日本民族をすんでのところで、地球上から絶滅させるところだった。幾多の古代民族、国家が痕跡だけを残して、絶滅したように。

天皇制国家体制は、空前絶後の悲劇を日本人にもたらしかねなかった。

四　共和制日本の未来——その可能性

共和制日本は広い可能性をもっているように見える。どのような未来を創造するかは、私たちの努力いかんにかかっている。その未来を三つのケースで、予想してみよう。

第一の予想されるケースは、天皇制復活をもくろむ保守勢力の執拗な画策に危機感をもった共和国政府が、左翼小児病的急進主義によって、それに対処しようとする場合だ。その結果、情け容赦ない恐怖政治に堕する場合だ。

日本の伝統、日本人の教育レベル、国際情勢などから考えて、このような可能性は少ないとは言え、政治は動と反動、作用と反作用の中で、思わぬところに行きつくことがあることを考えるなら、このような恐怖政治に堕さないよう、常に節度ある倫理性を失ってはいけない。

政治はゆるぎない真理をあくまで追究する学問の世界と違い、不完全、不確実な人間の作る世界の利害調整を目的とする。この政治の世界では、揺るぎない真理や正義は、求めようがない。妥協と中庸《ちゅうよう》が求められる。

第二のケースは、動と反動、作用と反作用の中で、政治が混乱をつづけ、収拾がつかなくなる場合だ。その結果、経済的社会的発展も阻害される。

第三のケースは、動と反動、作用と反作用の混乱の中でも、民主的手続きを守った公正な選挙が繰り返された結果、共和制が完全に定着した場合だ。この時、日本は最良の未来を創造するかもしれない。

二〇〇〇年近い錯覚の牢獄から解放された一億二〇〇〇万の人々が、頭上にいかなる権威をも置かず、内なる関心を自由に追求するなら、あらゆる分野で、創造的個人を輩出するであろう。その結果、日本は人類史上かつてない普遍的な新しい文化と文明を創造するであろう。

政治的目標としては、国家間、民族間の問題を公正に解決する世界権威＝世界政府を樹立し、人類の永久平和を実現することだ。人類はいずれ、地球全体を総合的に管理するようになる。これは必然的な歴史の流れだ。

必然的な歴史の流れに沿っている努力は必ず報われる。日本国憲法第九条は、そのための理論的よりどころになる。

江戸時代、日本には二百数十の藩があった。各藩はそれぞれ独自に軍隊、警察、官僚組織をもち、時には紙幣も発行していた。藩は独立国だった。

明治維新で統一国家になった時、最初の政府軍は各藩の藩兵を集めて編成された。その直後の西南戦争を最後に、日本国内では戦争はおきていない。今後もおきない。日本国内で永久平和が始まっていることは、自明だ。私たちの直近の先祖の成功体験は、人類全体の永久平和実現のための参考になる。

永久平和実現は夢物語、もし実現できれば奇跡だ、と思うかもしれない。しかし日本は過去二回、世界中から奇跡と思われることを実現した。

一つは一九世紀後半、アジア・アフリカ諸民族の中でいち早く近代国家を建設し、西洋列強に対抗できるようになったこと。もう一つは一九四五年、敗戦の廃墟の中から不死鳥のように復活して、世界で最も豊かな国家の一つになったこと。

そして現在、三つ目の奇跡が、人類の永久平和の実現だ。世界中の人々はこれを切望している。

一国だけでは絶対解決できない地球を覆う公害、環境問題の解決のため、そして独立国がほぼ出尽くすなど、そのための客観条件は成立している。後は客観条件をいかす主体的意思を発揮するかどうかにかかっている。

以上は私たちが目指すべき最良の未来であろう。

次に日本共和国の制度を考えてみる。

五　日本共和国の制度試案

次は私の思いつきに毛の生えた程度の試案であり、今後大いに論争して欲しい。基本的原理は三権分立だ。

立法府である議会は、地域代表からなる地域院と全国から選ばれた全国院の二つからなる。いずれも議員数は一〇一人からなる。一名は議長になる。人数は増えれば増えるほど無責任になり、費用もかかる。一〇〇人なら賛否の時の割合が分かりやすいメリットもある。

地域院は中選挙区制にする。小選挙区制はとらない。

アメリカにおける社会問題、例えば、黒人系による都市暴動の原因の一つは、小選挙区制にあると思う。人口割合で少数派の人々は、小選挙区制では、自分たちの代表を議会に送って、議会で平和的政治的に自分たちの問題を解決することが、永久にできないと思う。そして社会から見放されていると思う。

そのため不満のエネルギーが建設のエネルギーに昇華されず、暴動の破壊のエネルギーになるのだ。

小選挙区制では、比較第一党が、投票総数では過半数にみたないのに、議席を総取りする。つまり、あたかも圧倒的多数派であるかのように、独裁的力を持つ。過半数が死票になりかねない。次の時代には支配勢力となるかもしれない新しい批判勢力の政治的進出を妨害する。

人民の意志の忠実な反映と、少数派の意思の尊重という民主政治の基本原則を第一義に置くなら、小選挙区は採用すべきではない。一九九四年、中選挙区制をやめ、小選挙区制に変えたことは、日本人の民主政治にたいする未熟性の現われだった。

一人一票という民主政治の原則を制度上で保証するため、最小得票当選者と最大得票当選者の獲得票の差が二倍以上にならないよう、一・五倍になった時は、自動的に是正されるように規定する。

全国院は全国一区で、得票数の上位百一人を議員にする。議員は立法と国政調査に専従し、行政府には入れない。一般の法律は両院で審議し、可決されて成立する。

予算案は行政府の代表（首相）が、最初、地域院に提出して審議修正、可決された後、全国院に回される。全国院で同じく審議修正、可決されて、首相によって実行に移される。全国院で否決された時は、地域院にまわされ、再び審議修正されて可決されると、首相によって実行に移される。

首相の提出した法案は、両院で可決されて成立する。首相が出した法案を否決した院を、首相は解散させることができる。

あらたに選出された院で再び否決された時は、今度は首相が辞職しなければならない。議員は独自に法案を提出でき、国政調査権を持つ。

行政府の長、首相は国民の直接選挙で選出する。一位が得票総数の半数に満たない時は、一位と二位で決選投票する。

首相は各大臣、否、天皇制ではなく共和制だから大臣の呼称はなく、各長官を任命する。国会議員を長官には任命できない。

首相は、予算案や法案を議会に提出できる。議会の承認によって、実行に移す。首相は外国と交渉し、議会の承認を得て、条約を締結する。

司法府――最大、最凶悪な犯罪は、戦争が典型であるように、常に権力者によって犯される。権力の暴走を止めることこそ、政治の要諦《ようてい》でなければならない。権力さえ腐敗していなければ、市井《しせい》の人民の犯す犯罪など、たかがしれている。

そして、権力の暴走を止めるためには権力、つまり警察、軍隊を行使し、実際に政治を行う行政府から司法府が独立し、行政府をチェックするシステムでなければならない。現在の日本のように、司法府が立法府と一緒になった行政府の下僕になってはいけない。

全国十一地域から十一人の護民官を選出する。一人が護民官会議の議長になる。護民官の仕事は、死亡あるいは定年退職した最高裁長官の後任を、有資格者の中から選出することだ。最高裁長官は司法府の人事権をもつ。十一人の護民官は、いかなる政治団体に所属してもいけない。

最高裁長官を人民投票で直接選出しない理由は、戦争がおこった時など、時には人民が集団ヒステリーを起こして、とんでもない人間を選出する可能性があるからだ。大衆的人気はあっても、法律知識の乏しい不適格者を選出する可能性もある。

個々の裁判官は法のみに従い、時の世論におもねなくて良いように、身分を保証されなければならない。

護民官のもう一つの仕事は、巨大な権力犯罪博物館の運営だ。古今東西の権力者の犯罪の記録を蒐集《しゅうしゅう》、展示して、人民の政治教育の場にするためだ。その目玉展示にはヒットラーのアウシュビッツ、トルーマンの広島、長崎、ヒロヒトの南京などがあることは言うまでもない。大逆事件やその他の権力者による冤罪《えんざい》事件も展示される。

人民は成人する前に一度は権力犯罪博物館を修学旅行などで見学するよう指導される。

司法府は行政府の官僚だけを対象にした、小さな司法警察を持つ。役人、特に警察、軍隊の腐敗をチェックするためだ。司法警察は行政府の官僚以外は逮捕できない。司法警察が暴走しないよう、その活動は全て議会に報告し、承認を得なければならない。
裁判官は議会の弾劾《だんがい》裁判で罷免《ひめん》される。
首相および護民官には、全人民によるリコール制を設ける。

私は政治の効率性も考えながら、三権分立の原理に基づいて、日本共和国の制度を以上のように考えてみた。しかし、本当にこのような制度でいいのかどうか、自信はない。

一七八七年のアメリカ制憲会議が、延々と長引いた苦しみがよく分かる。考えれば考えるほど難しく、民主政治には、制度上の決め手がないのだ。どのような制度も、人民のレベルが政治のレベルを決める、という一般論を超えられない。人民の不断の努力以外には、民主政治を実現し、維持する決め手はない。
理想の制度を今後衆議を集めて考えていきたい。

六　天皇家の人々の自由と責任

例えば医者の息子が医者になって医院を継ぐか、あるいは他の職業を選ぶかは、本人の興味の対象、価値観によって変わってくる。そしてその選択の結果について、全て本人が責任を負わねばならない。

皇族の人々も同じだ。皇族にも職業選択の自由はある。何故なら、皇位継承権について書いてある皇室典範や皇族の国事行為に対しては、何一つ罰則規定がなく、それらを強制する法律はない。皇太子が父の後を継いで天皇になるか、皇族を離脱して市民になり、他の職業に就くかは、まったく本人の自由だ。だれも強制できない。

もし天皇になることを選んだのなら、彼は途方もない名誉と経済生活の保障を、一市民になることより、上位に置いたのだ。しかしこの途方もない名誉は、視点を変えれば、人権侵害の差別構造の頂点に立つことを選んだのであり、錯覚劇の主演男優を選んだのだ。そのことがもたらす結果に対して、彼は個人的に責任を負わねばならない。

逆に、一市民になることを選んだのなら、彼は錯覚劇の宿命的な奴隷から、自由と真実の世界へ、自らを解放することだ。そして他の市民同様、自分の関心に従って、自由に自分の人生を充足させることを選んだのだ。

それは同時に、人間解放の社会進歩に貢献することであり、その名誉は皇族全員に及ぶかもしれない。

利害の錯綜《さくそう》する政治の世界から、完全に切り離されることは、長期的歴史的に見た場合、天皇家の人々にとっても利益になるであろう。

このような意見は現在では、過激に聞こえるかもしれない。しかし、たとえ体制変更がなくても、二、三世代（五〇～七五年）後には、大半の日本人の常識になるであろう。もし体制変更があれば、一、二年で常識になるであろう。一九四五年八月を境にして、一年もたたない内に、「鬼畜米英」が「神様アメリカ」に変わったように。

共和制日本においては、万人は平等公平に扱われる。天皇家の人々も、その例外ではない。

彼らが自ら特権を放棄しない場合は、強制的に全ての特権を放棄させられる。世界で最も高い地価の東京の中心部にある緑豊かな超豪邸、無税で住んでいる皇居からは、退去させられる。

その特権的地位によって得たと思われる限度を超えた財産も、提出してもらう。超豪邸皇居は、京都の御所とともに国有財産になり、それらは多分歴史博物館として、市民に広く開放されるであろう。

その後、天皇家の人々がどこに住み、どのような職業に就くかは、他の市民同様、全く自由だ。もし身辺に崇拝者を集め、新天皇教を創設するなら、それも自由だ。共和国政府は、伝統的な大宗教やその他の無数の新興宗教と同様に、新天皇教を公平平等に保護するであろう。ただし政治的特権を要求しない限り。

宗教勢力が政治権力、俗権を要求しないこと、逆に政治権力、俗権が宗教や道徳のような個人の内面に立ち入らないこと、つまり神権と俗権の分離（政教分離）こそ、多様な宗教が併存する世界において、抜き差しならない宗教的対立から人間を解放し、平和で自由な世俗社会を建設する方法だ。

それは同時に個人の尊厳、人権（あるいは個人の自由と言ってもよい）を尊重する近代社会の条件の一つであり、凄惨な歴史の中で、人類が気づいた英知の到達点である。

主な参考文献

アドルフ・ヒトラー『わが闘争』上下　平野一郎・将積茂訳　角川文庫　1973
ルソー『社会契約論』桑原武夫・前川貞次郎訳　岩波文庫　1954
伊藤博文『憲法義解』宮沢俊義校註　岩波文庫　1989
『吉田松陰著作選』奈良本辰也編・解説　講談社学術文庫　2013
C・ムンチンガー『ドイツ宣教師の見た明治社会』生熊文訳　新人物往来社　1987
清水伸『帝国憲法制定会議』岩波書店　1940
『石橋湛山評論集』松尾尊兊編　岩波文庫　1984
田中伸尚『ドキュメント　昭和天皇』全8巻　緑風出版　1984〜93
山田朗『大元帥　昭和天皇』新日本出版社　1994
丸山眞男『現代政治の思想と行動』未來社　1964
E・O・ライシャワー『太平洋の彼岸』高松棟一郎訳　日本外政学会　1958
エズラ・F・ヴォーゲル『ジャパン　アズ　ナンバーワン』広中和歌子・木本彰子訳　T

ＢＳブリタニカ　１９８０
神一行『閨閥』角川文庫　２００２
デカルト『方法序説』谷川多佳子訳　岩波文庫　１９９７
ゲーテ『ファウスト』高橋義孝訳　新潮文庫　１９６７
ルース・ベネディクト『菊と刀』長谷川松治訳　講談社学術文庫　２００５
土居健郎『「甘え」の構造』弘文堂　１９７１
司馬遼太郎『坂の上の雲』全８巻　文春文庫　１９７８
Ｊ・Ｐ・サルトル『実存主義とは何か』増補新版　伊吹武彦訳　人文書院　１９９６
カント『純粋理性批判』篠田英雄訳　岩波文庫　１９６１
『実践理性批判』波多野精一訳　岩波文庫　１９７９

文献は現在比較的手に入りやすいものを挙げた。筆者が使用したものと全く同一のものではないことをお断りします。

あとがき

私は天皇制国家体制を「錯覚の体制」として批判した。この批判は、有史以来二十年近く、錯覚の牢獄に閉じ込められていた人々を解放し、自由に羽ばたかせるためのものだ。

そして全体主義指向を持つ民族体質を終わらせ、独善に陥らず、世界中の人々から普遍的に受け入れられるように、健全に日本を発展させるためのものだ。

同時にこの批判は、真理の上に建設される国家、万人が平等で自由な人民の人民による人民のための（リンカーン）、共和国日本の「建国宣言書」である。

二〇一四年　冬

大庭嘉門

著者プロフィール
大庭 嘉門（おおば かもん）
1942年生まれ

二千年の錯覚 日本人の精神解放のために

2015年 4 月15日　初版第 1 刷発行

著　者　大庭 嘉門
発行者　瓜谷 綱延
発行所　株式会社文芸社
〒160-0022　東京都新宿区新宿1－10－1
電話　03-5369-3060（編集）
03-5369-2299（販売）

印刷所　株式会社エーヴィスシステムズ

ISBN978-4-286-15756-6